传播的焦虑

夏德元 著

上海科学技术文献出版社
Shanghai Scientific and Technological Literature Press

图书在版编目(CIP)数据

传播的焦虑/夏德元著. —上海：上海科学技术文献出版社，2016.6
ISBN 978-7-5439-6992-6

Ⅰ.① 传… Ⅱ.① 夏… Ⅲ.① 传播学—研究—中国 Ⅳ.① G206

中国版本图书馆CIP数据核字(2016)第051693号

责任编辑：胡欣轩
装帧设计：有滋有味（北京）
装帧统筹：尹武进

传播的焦虑
夏德元 著

出版发行：上海科学技术文献出版社
地　　址：上海市长乐路746号
邮政编码：200040
经　　销：全国新华书店
印　　刷：上海中华商务联合印刷有限公司
开　　本：787×1092　1/32
印　　张：7.625
字　　数：128 000
版　　次：2016年7月第1版　2016年7月第1次印刷
书　　号：ISBN 978-7-5439-6992-6
定　　价：38.00元
http://www.sstlp.com

目　录

传播焦虑及其超越（代前言） ………………………… 001

上　篇

对大众的传播与大众参与的传播………………………… 003
微博传播时代的文化景观与忧思………………………… 010
传播失控与信息恐慌 …………………………………… 016
媒介化社会隐私权保护面临的新挑战…………………… 022
传言与真相 ……………………………………………… 031
微博传播的伦理关切 …………………………………… 036
微博传播的政治情怀 …………………………………… 040

私摄影与宇宙中未被感知之维 …… 047

成名的想象与扬名的焦虑 …… 053

杞人之忧与飞天梦想 …… 060

"液晶文明"叫板"纸浆文明" …… 066

内容何以为王? …… 072

大众媒介应承担传播生活常识之责 …… 077

传播与黑天鹅 …… 082

柴静的《看见》,让我们看见了什么? …… 086

汉语的泼水狂欢

——1.9亿条短信中的语言玄机 …… 092

附:悬在指尖上的汉语——1.9亿条短信中的语言
灾难(郜元宝) …… 096

下 篇

全媒体记者:想象与现实

——与何镇飚、张涛甫的对话 …… 103

传统媒体数字化转型的困境与出路

——与张涛甫、徐佳的对话 …… 113

专家型记者:新机遇与新挑战

——与白红义、张燕的对话 …… 124

媒介融合时代：手机报，行还是不行？

　　——与相玉红、贾敏的对话 ………… 132

移动媒体时代："标题党"的是与非

　　——与袁志坚、陶文静的对话 ………… 144

自媒体：颠覆什么？如何颠覆？

　　——与孟慧丽、李德顺的对话 ………… 156

报纸网络版的有偿阅读：凭什么？

　　——与吴华清、贺蕾的对话 ………… 167

新闻报道动辄得咎：专业失准还是道德失范？

　　——与闻学峰、王宇的对话 ………… 176

新闻专业第一份工作是否可以是新媒体？

　　——与罗锋、蒋为民的对话 ………… 186

微店微商有前途吗？

　　——与相玉红、李华强的对话 ………… 195

媒体"中央厨房"利弊得失

　　——与施宇、叶青青的对话 ………… 202

众筹新闻：新在何处？能否救新闻？

　　——与肖鸿波、戴焱淼的对话 ………… 211

我们时代的强迫症人格（代跋语）………… 220

传播焦虑及其超越

（代前言）

人类传播的需求本来源于生存的需要，但社会的发展和进步，则使生存之外的传播成为可能和必须，即使传播成为一种社会文化现象。

社会分工一旦形成，就容易出现各种器官独自坐大的局面。传播者由社会的器官而逐渐蜕变为独立的部门和系统，其传播功能日益得到强化，也随之出现脱离其本来职分乃至违背其本来职能的异化趋向。传播者和传播机构应该担负其所应担负的社会职责，即监测社会环境、协调社会关系、传承社会遗产和提供娱乐消遣。当社会职责与其自身人格利益相冲突时，应该舍生取义，即秉持所谓新闻专业主义精神。

但是，这样的要求似乎只是一种从来也没有真正实现过的理想。比如美国新闻史上臭名昭著的黄色新闻时代，黄色新闻不仅"用来进行战争"，甚至用来制造战争。据说美西战争前，赫斯特曾派画家弗雷德里克·雷明顿前去古巴采访，雷明顿到古巴后，发现情况并不像美国报刊所宣扬的那样，就给赫斯特拍回一封电报："一切平静。这里没有动乱。不会发生战争。我想回去了。"赫斯特马上回电，写道："哈瓦那，雷明顿，请留在古巴。你提供图片，我提供战争。"①

像这样大众媒体一手遮天的时代，随着传播业的发展和受众媒介素养的提高，已经逐渐离我们远去了。但是，程度不同的各种类似情况，在人类大众传播史上从未间断过，在世界范围内，直到今天也不能说已经绝迹。大众传播媒介过去曾经为传播学者所赞叹的，正是我们今天所应该批判和超越的。大众传媒不仅在过去曾经造福于民众之处同时也参与压迫和剥夺了民众，其最应该被批判和超越的，是它在强化了国家机器的传播机能的同时，削弱乃至完全剥夺了民众的传播权。传播机构成为异化的统治者，

---

① 关于赫斯特是否对雷明顿下达过这样的指令，有不同的说法。笔者此处引用自美国学者埃默里等著，展江等译：《美国新闻史》，新华出版社，2001年版，第233页。

而民众则由平等的传播者,沦为需要被关照的受众。这种关照除了教化之外,也包括作为研究和算计的对象,直至成为需要严加防备的隐患。民众成为设防的对象,一如洪水猛兽。统治者的典型自白就是:"防民之口,甚于防川。"②

在大众传播机器的统治下,民众因害怕被孤立而为大众传媒建构的舆论环境所左右,乃至陷入"沉默的螺旋"③而不能自拔。

法国社会心理学家勒庞把那些丧失个性或被某种意识形态感染而聚合在一起的人群称为"乌合之众"。无疑地,正是大众传播媒体参与建构了这样一种群体的盲目性。大众传播刺激了个人的传播冲动,又阉割了个人的传播能力,限制了个人的传播自由,使个人在强大的传播机器面前产生一种难以言状的挫败感,甚而造成了巨大的心理创伤。

麦克卢汉认为,读书识字所引起的非部落化进程,对部落人造成了极大的精神创伤。他在《理解媒介:人体的

---

② 语出《国语·周语上·召公谏厉王止谤》。
③ 〔德〕伊丽莎白·诺尔-诺曼:《沉默的螺旋:舆论——我们的社会皮肤》,徐慧译,郭庆光校,见张国良主编:《20世纪传播学经典文本》,复旦大学出版社,2002年版,第533—546页。

延伸》一书中指出:"电的速度把史前文化和工业时代商人中的渣滓混杂在一起,使文字阶段的东西、半文字阶段的东西和后文字阶段的东西混杂在一起。失去根基,信息泛滥,无穷无尽的新信息模式的泛滥,是各种程度的精神病最常见的原因。"④

在这些精神疾患中,有一种最典型的症状就是对传播的焦虑。笔者以为,人们之所以会产生传播焦虑,恰恰是源于对传播的强烈渴望。换句话说,没有需求,就无所谓焦虑;焦虑只不过是太在乎失败和失去的一种过激反应。无论是信息匮乏还是信息过剩,都是相对于人们的传播能力而言的"心有余而力不足",这样一种无力感亦即焦虑感,成为长期以来困扰人们的人格障碍。

今天,网络虚拟环境为缓解传播焦虑提供了一种新的方式与途径。方兴未艾的微博传播,更是使普通民众被压抑了数百上千年的传播冲动得到了空前释放。数以亿计普通民众的微博传播实践,在改写千百年来由资本和强权垄断的传播格局的同时,也创造着一种全新的传播文化,从而有望塑造一种更加健全的文化人格。

---

④ 〔加〕马歇尔·麦克卢汉著,何道宽译:《理解媒介:人体的延伸》,商务印书馆,2000年版,第44页。

《人民日报》（海外版）刊载张意轩的文章，指出随着微博现实性和社会性的增强，公众对社会事务的参与也不断增强。逐渐长大的微博，对微博链条上的各方都带来了新改变、新体验，以及新挑战。这些新的改变，形成一种"微合力"，加速改变着传统的话语结构，赋予社会各阶层更多的话语权，影响着经济社会及政治结构的变革。⑤

当然，微博的影响是多面的。一方面，通过微博，大爱在播撒：甬温线动车事故中，普通大众通过微博传递救人信息，动员献血力量；农民蔬菜瓜果滞销，网民通过微博帮助化解。另一方面，负面舆论和非理性声音在微博平台上很容易扩散。正是基于对微博传播这种复杂性的认识和真切体验，越来越多的微博用户意识到必须建立一种适合于微博传播的新秩序。而当下，这种秩序共识正在微博群体中形成。其突出表现之一，就是为应对"微谣言"，网友们自发成立了辟谣联盟，自觉担负起了维护微博传播秩序的责任。

微博空间为"每个人质问每个人"提供了可能，也为每个微博传播者的自我提升和自我超越提出了要求。普通

---

⑤ 张意轩：《秩序思维呵护微博成长》、《人民日报》（海外版）2011年12月1日。

民众的大范围参与，不仅使整个社会的传播焦虑得以缓解，还形成了一种公民人格重建的巨大力量，正推动着人类文明进程，并给人们带来对未来社会的美好憧憬与希望。

（本文原以《传播焦虑与微博空间》为题，发表于《文汇读书周报》2012年1月13日。《新华文摘》报刊文章篇目辑览收录。）

上篇

对大众的传播与大众参与的传播

当我想表达"由大众发起或参与的传播"时,很自然地写到"大众传播"这几个字。但是,再次读到这几个字的时候,却发现它所表达的意思完全是另一回事,甚至恰恰相反——它原来是指"对大众的传播"。对大众的传播已经事先占有了"大众传播"之名,使得我们在表达大众传播时,不得不另造新词。一如本文标题所示,只能暂时勉强称作"大众参与的传播"了。与之相对应,就有一个"对大众的传播"。尽管看着有些别扭,但是对于讨论问题还是颇为有益的。

传播本来是大众的事,因为传播是人的内在需要,每个人都必须通过传播活动来维持与自然、社会和他自身的和谐关系。

人的含义是十分丰富的，正因为人的含义实在过于丰富，所以必须用不同的学科来加以研究考察。在哲学意义上，人是宇宙的观察者，是自然和社会的改造者，是认识和实践的主体；在伦理学意义上，人是道德实践者和评判者；在美学意义上，人是审美主体，也是最重要的审美对象；在经济学意义上，人是自私而理性的决策者；在政治学意义上，人是追求自由和平等的行动者；在社会学意义上，人是和谐人际关系和社会关系的缔造者……人不仅是生物学意义上的种群，更是复杂的社会活动的主体。既然人是社会关系的总和，而社会又是处在不断变迁过程之中的，所以，人的含义也随之发生变迁。在传播学视野里，人是"传播人"，因为人是所有生物中最善于运用媒介的物种，所以，人类才在传播学意义上区别于其他生物；从这个意义上，人也可以称为"媒介人"。

只不过，在历史上，人与媒介的关系并不是一成不变的。最初，人与人之间的交流可能无法借助任何其他媒介，人只能作为媒介本身来进行彼此之间的联系和沟通。随着人类文明的进化和人类社会的进步，人的依赖关系发生了变化，人们之间通过媒介进行交往，人类交往的范围也逐渐扩大。社会分化为阶层，人与媒介的关系也发生分离。一部分人垄断了媒介，垄断了传播权。传播的权利与义务开始失衡。

印刷术的发展所带来的大众媒介的普及，全面改变了社会景观。报纸、书籍和杂志作为新的大众媒介，不仅消除了人们相互隔绝的障碍，影响到社区相互作用的方式，而且推进了社会的组织和功能的重大变化，甚至永久地改变了那些使用者的精神面貌和心理结构。电子媒介诞生后，大众传播更是给社会生活带来了颠覆性的变革。人类社会进入电子传播时代以后，从某种意义上说就开始进入了一个可以用"媒介化"来命名的社会，即媒介化社会。当然，纵观人类发展史，社会的媒介化是一个渐进的过程。因为人是传播的动物，人的传播是借助媒介的传播，媒介的进步伴随并标志了人类社会的进步，所以，可以说，人类社会从来就是媒介化的。只不过，在人类社会的早期，媒介化的程度还比较低而已。进入大众传播时代后，人类社会媒介化的速度大大加快，到了电子传播时代，整个世界都因电子媒介而联结成一个统一的"地球村"，这时，才可以说，全人类开始进入了媒介化社会的新阶段。

媒介化社会又可称为"网络社会"。网络社会互联网接入和智能手机的普及，使每个公民都有成为电子媒介人（cyber-mediator）的可能，大众传媒对民众的绝对控制逐渐让位于电子媒介人与传媒机构的平等对话,人类整体上则由被动的受众而逐渐蜕变为积极的信息传播者、自觉的知识共享者和自主的公共事务参与者。互联网开启了我们这个星球崭新的未来。①

过去,"由于制度安排的不当,资源分配的不公,为社会做出贡献与取得回报数额的不同,每个社会成员在媒介化社会中所消费的信息资源是不等的,甚至获取公共信息的权利与机会也有不小的差异"。如今,网络传播技术的发展和电子媒介人的积极参与,则有望"让每一个社会阶层、每一个社会公民,在媒介化社会生活中真正成为信息沟通与交流中的主体",唯有如此,才能使"每一个社会成员能够毫无障碍地分享信息传递革命的每一个成果,这个媒介化社会才是真正属于广大人民群众的"。②

也正是在这个意义上,对大众的传播才开始逐渐被大众参与的传播所取代,人类进入了一个被专家们称为"全民传播"或"草根传播"的新时代。

之所以把传统意义上的大众传播称为"对大众的传

---

① 关于"电子媒介人"的最早论述,见夏德元:《数字时代电子媒介人的崛起与出版新视界》一文,发表于《学术月刊》2009年第9期。
② 童兵:《让每个社会成员分享媒介化社会成果》,《新闻与写作》2006年第1期。

播",是因为事实上,大众传播机器虽然曾经扩大了普通民众的信息接近权和知识福利,但是其本质上仍然是代表强权和大资本的利益,主要将普通民众作为受众甚至乌合之众来算计。

乔治·格伯纳阐明了大众传媒在人类社会中的重要性。在他看来,大众传媒具备了以下几种"能力":"创造公众,定义事务,提供共同的参照系,因而能够分配注意力和权力。"③

但是,大众传播媒介昔日为传播学者所赞叹的,正是我们今天所应该批判和超越的。大众传媒在过去曾经造福于民众的地方同时也参与压迫和剥夺了民众,其最应该被批判和超越的,是它在强化了国家机器的传播机能的同时,削弱乃至完全剥夺了民众的传播权。传播机构成为异化的统治者,而民众则由平等的传播者沦为需要被关照的受众。这种关照除了教化之外,也包括作为研究和算计的对象,直至成为需要严加防备的隐患。

法国社会心理学家古斯塔夫·勒庞把那些丧失个性或被某种意识形态感染而聚合在一起的人群称为"乌合之

---

③ 〔美〕斯蒂芬·李特约翰等著,史安斌译:《人类传播理论》第九版,清华大学出版社,2009年版,第329页。

众"。"构成这个群体的个人不管是谁,他们的生活方式、职业、性格或智力不管相同还是不同,他们变成了一个群体这个事实,便使他们获得了一种集体心理,这使他们的感情、思想和行为变得与他们单独一人时的感情、思想和行为颇为不同。若不是形成了一个群体,有些闪念或感情在个人身上根本就不会产生,或不可能变成行动。心理群体是一个由异质成分组成的暂时现象,当他们结合在一起时,就像因为结合成一种新的存在而构成一个生命体的细胞一样,会表现出一些特点,它们与单个细胞所具有的特点大不相同。"[④]无疑地,正是大众传播媒体参与建构了这样一种群体的盲目性。个体的意识个性淹没在群众心理之中,群众心理诱发出情绪,意识形态通过情绪感染得到传播。一旦被广泛传播,意识形态就渗透到群众中个体的层次,使个体丧失批判能力……这是一种心理上的匿名状态——这是孤独软弱的个体欲表现其力量时必须借助的途径,也是个体表现短暂的虚假强大时必须付出的代价——他们在人群中将彻底丧失自我意识、身份乃至生命。

自媒体的出现,造就了一个全新的传播主体,即笔者

[④] 〔法〕古斯塔夫·勒庞著,冯克利译:《乌合之众》,中央编译出版社2004年版,第14页。

所提出的"电子媒介人"群体的崛起。随着网络和智能手机普及程度的逐步提高,这样一个群体也日益壮大;与信息技术同步发展起来的人工智能系统的进步,则使电子媒介与人的结合更为紧密。这两者,使人类在广度和深度上日益向一个新的生存状态——即"数字化生存"状态演化。如果说新媒体传播就是如美国《连线》杂志的定义所言"所有人对所有人的传播",那么,以智能手机为代表的"自媒体"传播,就是其典型代表,是真正实现任何人、在任何时间、任何地点,通过任何方式对所有人进行传播的理想形态。

人类的生存状况,与传播媒介所营造的媒介环境息息相关;近年来国内外学者所提出的所谓媒介化社会,则是旨在揭示大众传播媒介诞生以来,人类生存对媒介依赖程度空前提高的状态。电子媒介人群体出现以后,"人人皆媒体"成为一种世界潮流;社会必然更加充分地电子媒介化。但是,这样的媒介化又不同于大众媒介一统天下的局面,而是造就了一个自媒体与大众传播媒体(包括传统大众媒体和新大众媒体)分庭抗礼的时代。

(本文节选自《民众传播的兴起与微博文化的若干思考》,原载《东吴学术》2012年第1期。)

微博传播时代的文化景观与忧思

"微鸿沟"是笔者对@严锋新浪微博的评论语。原文如下:"@夏德元:这个可叫作'微鸿沟'。数字鸿沟的最新表现形式。//@严锋: 人类好像越来越分化成两大人种:用微博的和不用微博。不用微博的人中又分化成两个人种:在田间炉边劳累无力用微博的,在权力漩涡中奋斗无暇用微博的。最终,这个国家分化成三大人种:统治者、劳动者、用微博者。这三大人种日益相互隔绝,老死不相往来。"

这样的对话引起了围观,也发人深省。网友@珏黛佳人GenderIT对我的评论提出了质疑。"请问这个'微鸿沟'的概念,是您发明的么?内涵和外延是什么?"我的回复是:"只不过信手捏造的一个词汇。但是,又颇有深意。鸿沟的鸿,本来是巨大的意思;但是,微博时代,数字鸿沟变得幽深而狭窄,表面看来似乎只是一条小裂缝。哈哈。"

在网友们的追问下,@严锋最后接受了"微沟"说。"对,微鸿沟,简称微沟。三个人种对应三个世界,这就是新世纪的三个世界理论。//@夏德元:这个可叫作'微鸿沟'。数字鸿沟的最新表现形式。"

笔者不厌其烦地转述这个话题微博互动的细节,是想说明,微博传播虽然被某些人指斥为碎片传播,甚至会导致思维的浅薄化,但是仍然不失为一种头脑风暴或称为思想实验的有效途径。因为微传播在满足了微阅读需求的同时,也激发了对话者微创造的巨大潜力。经过多个回合的交锋,许多思考的成果可以沉淀下来,成为新一轮思维拓展的基础和素材。

微博传播有许多类似面对面交流即时互动的传播特点,所以交锋频繁而活跃。这样的传播,不仅适用于日常交往中的见面寒暄,也早见于孔夫子和苏格拉底时代的对话论学;而谁也不能否认记述孔子言行的《论语》和记述苏格拉底言行的《对话录》是世界思想史上不朽的篇章。说微传播必然导致思维碎片化和浅薄化,显然是站不住脚的。

不仅如此,微传播也是人们古已有之而今为盛的传播需求之一;也正因为如此,民歌谣谚、风言风语、街谈巷议,从来都是人们维系社会、传承文化、交流思想的媒介,也是历代统治者早已认同的洞察人心的锁钥。

只不过,随着传播技术的进步和传播手段的革命,微传播也发生了翻天覆地的变化,其最具革命意义的变化之一,就是使微阅读和微传播一道成为一种世界潮流。

无线传呼机可以说是电子时代的首个便携式微阅读终端,许多人都体验过那种从初次拥有的兴奋到疲于应付的无奈的心路历程;传呼机的使用经验,让我们体会到微阅读是人们的潜在需求,也是无法抗拒的诱惑。手机短信进一步拓展了微阅读的空间。如今,智能手机已经成为全能的便携式微阅读终端;手机(广义)阅读(读、听、看)的经验,再次丰富了人类的微阅读体验,在世界范围内已然形成一种影响全局的文化景观。

仅以中国的手机付费阅读为例,根据中国移动的数据,作为中国移动九大基地之一的手机阅读基地,在一年多的发展中,已经覆盖用户近2亿。

另据《2011年中国手机阅读市场用户研究报告》显示,报纸、生活资讯、社交资讯等类微内容超越文学作品等长内容成为手机阅读用户的习惯性阅读内容。对比2011

年与 2010 年手机阅读用户经常阅读内容分类的调查,用户经常阅读的内容中,文学作品占比大幅度下降,而社交资讯、博客、杂志类内容占比大幅度上升。分析人士认为,之所以微博、SNS 等社交资讯在手机阅读用户经常阅读的内容分类中超过小说,主要有两个原因。一是社交资讯类微内容更适合用户空闲时段高频、短时的阅读行为。《报告》显示,用户阅读场景集中在碎片化、空闲时间段,主要为以下几个场景:睡觉前、等待时、乘坐交通工具时。这种碎片化的阅读场景进一步左右用户阅读行为趋向高频率、短时长。在这种碎片化场景中,用户高频、短时阅读习惯,与社交资讯类微内容较吻合。二是微博等带有互动形式的产品增加了用户的使用黏性。微博、生活资讯类内容来自用户自身,这种自媒体性加上用户之间互动的社交属性,以及内容的短小、精悍,吻合用户碎片化时间的需求与用户偏好。

从某种意义上说,微阅读,是对人类生存空间和生活体验的空前拓展。微阅读不仅从根本上动摇了陈旧的教育观念,使人人、时时、处处的自主学习和全球范围的互动学习成为现实,而且,更重要的是,微阅读使媒介使用者有机会成为全球交往和世界知识生产的共同主体。

当然,我们也应该看到,微传播和微阅读虽然在宏观尺度上已经蔚为壮观，在微观层面，裂隙却无处不在。回到本文开头@严锋关于三个世界理论即本人总结的微鸿沟理论的对话，可以说，"微鸿沟"在某种程度上确已成为阻碍社会进步、文明开化的传播屏障。

据说某些地方政府已经明令禁止官员开博，因为一段时间以来，官员及其关系人的微博俨然成为泄露内幕、曝光隐私、招致责难的渊薮。如此一来，主动放弃微传播的当政者、没有条件微传播的底层民众和微博用户之间果然横亘着一道不易察觉而渊深莫测的鸿沟。这三者之间的误解、猜忌乃至仇视心态昭然若揭，如不及时加以弥合，恐怕会成为和谐社会建设过程中难以逾越的天堑。

越来越多的事实证明，无论国内还是国外，以微博、推特、脸谱等社会化媒体为代表的微传播，已经成为影响全局的传播力量。另一方面，由于主观或某些客观的原因，微鸿沟又犹如久旱土地上的龟裂一般，遍布于你我身边。不仅上微博与不上微博的人之间观点差异巨大，即便同是微博控，新浪用户与腾讯用户也可能老死不相往来。借用一位网友的调侃就是："世界上最遥远的距离，是你在新浪微博，而我在腾讯微博！"

这无疑是非常值得忧思的。因为当今时代，过去人们之间靠大众传播媒体得以维持的那种文化认同感和社会归属感已经日渐式微,而新的足以黏合社会、凝聚人心的传播力量尚在成长之中,亦如久旱的土地,如果不及时引水灌溉,任其龟裂,必将分崩离析,不可收拾;一旦洪水来袭,山体滑坡,泥石横流,更有可能导致难以预期的灾难。

(本文原以《微传播·微阅读·微鸿沟》为题,发表于《文汇读书周报》2011年12月2日,收入本书时略有改动和校正。)

传播失控与信息恐慌

《南方日报》不久前以《被误读的食品安全》为题,刊发了一篇调查报告,对近年来各地媒体有关"毒香蕉""避孕药鳝鱼"和"有毒生蚝"等无中生有、捕风捉影的食品安全报道进行了清理和反思,指出:"食品安全,媒体监督是把双刃剑。一些媒体由于缺乏专业知识,使新闻在传播过程中与本意产生偏差。"与那些真实的食品安全报道一道,造成了一波又一波食品安全恐慌,同时给农业养殖业带来了灭顶之灾。①

诚然,食品安全危机,常常发端于媒体曝光,因此有媒体从业者认为,中国社会正在呈现出的情形是,媒体监

---

① 《被误读的食品安全》,《南方日报》2011年11月3日,A13版。

督的力度和反应速度已超过了监管部门,从而成为最及时的监督。但在政府部门对食品安全监管工作不到位的背景下,填补监管真空的期许成为媒体无法承载之重,媒体监督成为食品安全监管主流的同时,不实报道、各类流言也纷至沓来。

一方面,现实生活中业已发生的食品安全危机事件,已经使包括新闻传播机构的从业人员在内的社会大众成为惊弓之鸟,凡是涉及食品安全危机的话题,总倾向于"宁信其有";另一方面,民众的传言和媒体的不实报道,又参与了食品安全危机四伏的拟态环境构建,反过来进一步引起恐慌。

这是一个恶性循环。传播失控导致信息恐慌,信息恐慌又反过来促使传播进一步失控,对社会机体造成了深深的伤害。

不独关于食品安全危机报道如此,其他安全危机事件的报道同样如此。传播与社会环境的关系极其微妙。不仅谣言的传播可以看作民众情绪的风向标,在日益市场化的环境下,大众传播媒体因为有照顾民众情绪的冲动,其舆论倾向同样可以与民间小道相互印证。

人是复杂的动物。西方理论人学在经历了一个从古希腊到近代德国的历史演进过程之后,似乎又回到了古希腊关于人的问题的起点：人依然是一个二重性的存在物，是感性与理性、"灵"与"肉"的矛盾统一体。但从根本上讲，西方理论人学更强调人与动物相区别的理性精神本质，即"人是理性的动物"，而且，"西方关于人的学说，所有的心理学、伦理学、认识论、人类学都是建筑在人的此一定义的框框之内的，自古以来我们都是在从此一教条中引申出来的想法与概念的一团混乱中过日子。"②一言以蔽之，"理性人学"就是西方古典理论人学的实质或代名词。

不过，西方人学，尤其是西方古典经济学关于人是理性动物的假设，已经开始受到越来越多的质疑。2001年度诺贝尔经济学奖得主、伯克利加州大学的经济学讲座教授乔治·阿克洛夫和耶鲁大学经济学讲座教授、著名的凯斯-希勒房地产指数的开发者之一罗伯特·席勒在《动物精神》一书中，从剖析经济学理论对理性行为的假说来切入，以人的决策行为如何受其"动物性"左右为例证，来谈现实中"动物精神"是怎样影响人们的经济决定的。

所谓动物精神，也就是人类近于本能的行为模式，值

---

② 〔德〕海德格尔著，熊伟、王庆节译：《形而上学导论》，商务印书馆，1996年版第143页。

得注意的是，在经济学家那里，人类具备某些本能行为本身，也与其他动物相区别。只不过是为了与理性精神相对应，姑且以动物精神名之。人类为什么保有"动物精神"，一直进化到文明阶段而仍有其成效？人们可以在诸如认知科学、脑生理学、行为心理学等学科中找到解释，事实上，人们没有可能也缺乏能力做"完全理性的计算"，这是显而易见的。人们的决策，尤其是关键的决策，多半必须在"信息不对称"的状况下做出。信息完备，或信息对称，常是人们的假想，甚至是自欺欺人的假想。相反，基于信念的直觉行动，在人类历史上，特别是在大的历史转折和开创新时代的重要关头，有着不可胜数的成功案例。譬如，哥伦布发现新大陆的航行，就是一种凭信念的冒险进取。

不仅如此，缔造了人类历史的"动物精神"，今天仍然起着关键作用。事实上，有不少原创性杰出人物，也都凭持信念和直觉就大胆行动，才建立起伟业、推动人类社会进步。堪称当今世界商业天才的苹果公司创始人史蒂夫·乔布斯就从来不相信市场调查，他总是凭他的天才直觉设计和推出新产品，用他的话说，在新产品出来之前，消费者并不知道他需要什么样的产品。真正的创新，按其本质而言，是对习以为常的"理性行为"的颠覆。

以上分析，还是多少带有"经济学帝国主义"的色彩。经济学无论是关于理性人的假说还是关于动物精神的颠覆，在后信息时代都应该作传播学的重新审视和检讨。回到文章开头的话题，正因为人们既不纯粹是理性的动物，也不纯粹是感性的动物，而是感性与理性、"灵"与"肉"的矛盾统一体，所以，人们的传播和信息行为也是内含着冲突。在大众传播机器和社会舆论所建构的拟态环境中，人们的行为也会是犹疑的，有时是理性冷静的，有时又是感性冲动的。也正因如此，我们既不敢奢望媒体受众在坏消息面前能始终保持镇定自若，也无法保证媒体从业者真的总能做到他们所乐于标榜的客观报道和新闻专业主义。传播的失控和信息的恐慌在所难免。

这就提出了一个十分现实的问题：专业的大众传播机构及其受众和异军突起的网络和手机媒体人，要如何才能在这个信息纷乱的世界安身立命呢？传播学家们早就提出了媒介素养教育和传播伦理等话题，但是这么多年过去了，虽然这个领域的发表的论文和著作已经不计其数，本文开头所引述的现象却依然存在，甚至有恶化的趋势。按照笔者的理解，所谓媒介素养和传播伦理，之所以解决不了问题，原因在于，这些理论脱离了现实环境和中国语境，脱离了对人性的体恤和洞悉。

传播本是人的一种本能，但是人的社会经验在使人变得更加聪明的同时，也让其信息传播变得手足无措；宛如爱本是人的一种本能，但是现实生活中多见的是爱的无能。就好比恋爱已经成为一门生命的学问，传播也应该纳入生命教育的课程。这样的课程再也不能用媒介素养教育之名，而应该另造新词——笔者的建议是"传育"。因为这样的教育不仅是作为信息接收者的广大民众的人生必修课，也是作为传播者的媒介机构从业人员和越来越多的手机等电子媒体持有者的人生必修课。

只有全体传播者都具备了起码的传播素养，有了作为传播者的主体觉醒和文化自觉，才能使传播成为可控的传播，而信息的接收也不再那么令人胆战心惊。

（本文原载《文汇读书周报》2011年12月16日。）

媒介化社会隐私权保护面临的新挑战

在当今这个名副其实的媒介化社会,无所不在的电子媒介,构建了一个处处充满数字电子信号的新空间——电子空间。电子媒介人淹没于这样的空间,同时也参与了这个空间的构建;其感知世界的方式,包括对空间、时间、地点等人类活动场景以及人与自然、人与社会关系的认知也发生了嬗变。一句话,电子媒介人关于世界的观念变得与他们的前人和他们自己的过去很不一样了。换言之,电子媒介人在媒介化社会正经历着某些观念的大碰撞。

新媒体以及"电子媒介人"的崛起,打破了传统的传播格局,也改变了传统媒体及其从业者的自我角色认知,使他们普遍产生了一种角色迷失。不仅如此,随着传播格局的变迁,过去那些适用于大众传播媒体一统天下局面的传播伦理，也有些不适应了。比如，关于隐私权的保护，就有必要加以重新讨论。

隐私权保护是新闻传播伦理的传统话题，但在以互联网和手机的普及为主要特征的网络社会里，却遇到了新的困局。社会的充分电子媒介化，使媒介对现实生活形成一种全面的殖民，达到了不留死角和空白、没有例外的地步。任何经媒介公布的信息，理论上都能在瞬间传遍全球，送达每一位电子媒介人，所以，隐私的范围也空前宽泛。过去，不必隐晦的报道题材，如今也必须加以重新考虑。

本来，报纸的新闻图片从来没有作为新闻源保护的对象进入过新闻从业者的视野，现在看来，这样的惯例有待打破。对公众人物公开活动进行摄影报道，当然谈不上肖像权保护的问题，但是，对普通民众未经授权的摄影报道，就未必适宜了。笔者在新浪微博见证了这样一个案例：

《无锡日报》曾于2010年12月16日刊登了一组下雪后的街景照，不料其中一张男女携手同行的照片引发男子家人的愤怒，因为那位女子不是男子的老婆。这件事在新浪微博引起不小的轰动。

有网友认为这是男主人公倒霉，因为这样的照片不属于新闻源保护的范畴。而笔者则认为，凡是涉及人面部的照片登报之前，都应该向被摄者征求同意，否则应被视为不当使用，或侵犯隐私。

因为，虽然大街是公共场所，但是，个人在其中的行为却同样具有私密性，不应该不加分辨地加以广泛传播。这样的情况，与前媒介化时代大为不同。过去，一个地点发生的事件，因为距离（时间和空间）的屏障，并不会瞬间被另一个地点的人知晓，关于个人的信息，即便在一个城市上了报纸，一般也不会被传到另一个城市。而在电子媒介人无处不在的媒介化社会，新闻源的保护范围应该更加宽泛。

不仅如此，对一个地区的"扫街"摄影，同样会招致诉讼。自承认其街景车从未加密的无线网络中无意间收集隐私数据之后，谷歌面临的麻烦不断增多。2010年5月26日，据国外媒体报道，马萨诸塞州一家网络服务提供商及其用户在当地地区法庭对谷歌提起诉讼，指控谷歌街景车无意中搜集并储存当地居民无线网络所传递网页和邮件信息的行为违反了联邦和当地隐私保护法。

同时，在加利福尼亚州北区地方法院提起的另一起集体诉讼也正在展开。此外，俄勒冈州和华盛顿州的居民也提起类似诉讼。事件源于谷歌发表的一则道歉声明，在声明中,谷歌承认过去四年在全球部分地区使用摄影车拍摄街景时,无意中收集及保存了附近通过无线网络传送的大量私人数据。此后,谷歌遭遇"信任门",不只美国消费者,其他国家相关部门也开始采取行动。澳大利亚宽带、通信和数字经济部部长 Stephen Conroy 对外表示,谷歌所称无意间收集到数据的论述并不属实,他认为谷歌特意设计了一个电脑程序用于收集这些信息,这可能是有史以来最严重的隐私侵犯行为。①

"事实上,自 2008 年以来,为了回应侵犯隐私的争议,谷歌开始模糊被街景摄像机采集,并在谷歌街景地图中出现的人的面部。但现实情况是人们并不买账,认为这只是治标,没有治本。"②

西班牙数据保护组织——"西班牙数据保护局"于 2010 年 10 月曾提起诉讼,指控谷歌在为其街景服务拍摄图片时非法获取了网民数据。

西班牙数据保护局通过网站发表声明指出:"西班牙数据保护局在今年 5 月开展了相关调查,现在已经启动法律

---

① 《谷歌因"街景车"面临集体诉讼》,http://news.xinhuanet.com/world/2010-05/27/c_12146300.htm
② http://www.cnw.com.cn/security-anti-virus/htm2010/20100825_204793_3.shtml

程序，起诉谷歌违反了西班牙有关数据保护的法律。"该组织还表示，已经掌握了谷歌在为其街景服务拍摄图片时非法获取和存储 Wi-Fi 网络用户数据，并把此类数据传至美国的五项违法证据。③

还有一类隐私泄露的案例，被网友戏称为"躺着也中枪"，指无缘无故受到牵连。事情缘起于某华人论坛的一张普通诉苦帖，一个伤心的留守老婆贴出了在外留学的老公写给自己的分手信。

信里的细节引导大家开展了轰轰烈烈的"人肉搜索"，很快男主角和在国外的出轨对象都被"人肉"了出来。本来事情很快就会平息下来，想不到拔出萝卜带出泥，在一张负心老公的实验室合照中，一位清秀的中国女导师引起了大家的注意，被冠以"美女教授"的称号辗转传播。这又刺激到了论坛上一位网友，她宣称"美女教授"跟她的老公有不正当的男女关系。一时间，论坛再次沸腾了，网友们开始将矛头指向"美女导师"，将她的学术背景挖了个底朝天，还质疑她在美国所获的奖项。甚至还有人贴出了她读书时候的成绩单和

---

③《谷歌街景服务被指违法 在西班牙遭起诉》，http://www.cn-beta.com/articles/124708.htm

做演讲的视频,有好事的网友还扬言要写信给评奖部门举报……类似的人肉搜索案例还有很多。比如2010年8月,一位网友在论坛上贴图"晒"自己买的新鞋架,想不到遭到高达近百楼的搜索,网民们从贴图中的"鞋子""冰箱""地板"等细节入手,猜测楼主的身高、爱好、职业,甚至是不是未婚同居。不久,为了证实这些猜想,网友搜索到了此人的博客、她发过的帖子以及新浪微博,最后,还公布了此人的详细个人信息,甚至包括职业、地址以及手机号。这样精准的人肉搜索,让人叹为观止,也使人不寒而栗。

《申江服务导报》记者姜晟颖在引述了上述案例后议论道:"人类的洞察力因为网络之间的无限链接被放大了。你我有限认知的世界因为网络的串联而变得无限耳聪目明。可是,当我们在感慨'今日长缨在手,何时缚住苍龙'的时候,却发现网络上更多的是上述让人感慨的八卦新闻和对无辜者隐私肆无忌惮的暴晒。有人自嘲,称网络科技之于人类文明,埋下了龙种,收获的是跳蚤。"电子媒介人在类似上述案例中所表现出的狂欢式的搜索接力,也许只是网络游戏精神的小试牛刀。对此固然不必过于悲观,但是无论如何,正如记者所言:"网络的本质,是带来更多社会的自在,而不是让人噤若寒蝉,不敢敞开心扉。那些无处安放的洞察灵感,如果只是网络青春期的戏谑与骚动,也是让人莞尔一笑的乐事;如果形成新的网络灰色势力,并乐此不疲地戏弄网络智慧、挑战伦理底线,那倒真的是货真价实的'龙种''跳蚤'换了。"④

网民在"八卦"事件上的表现,再次印证了笔者关于电子媒介人与游戏文化关系的认识。⑤游戏确实是人类活动的高级境界,但是,游戏也应遵守规则,没有规则的游戏,无异于一场散弹横飞的混战。

有学者考察了当今世界上最大的社交网站脸谱网的隐私政策后认为,有必要建立一种"陌生人伦理"。⑥因为,自Web2.0兴盛以来,"熟人社交"的模式已经被"过度消费",很快步入了另一座高地——"陌生人的偶遇"。社会网络化网站带给人们的兴奋体验,已经不再是同学、亲友、同事等老相识的数字化交往,而是抵达了更加开放、充满意外和新鲜感的公共空间。在类似候车大厅、超市、影院、球场的公共场所,脸谱网汇聚了

---

④ 姜晟颖:《"网络八民"起哄,躺着也会中枪》,《申江服务导报》2011年1月26日。

⑤ 《电子媒介人的崛起——社会的媒介化及人与媒介关系的嬗变》,复旦大学出版社2011年版,第115—118页。

⑥ 段永朝:《隐私:从"足迹"到"心迹"》,http://www.caijing.com.cn/2011-03-18/110669255.html

越来越多的"陌生人",对彼此共同感兴趣的视频、图片、新闻、明星人物评头论足。人们继而发现,通过记录一个穿行在各类网站留下只言片语、消费记录、登录信息的人来说,假若能采集到这个人足够的"足迹"信息,勾勒出他的喜好乃至怪癖,并非难事。"陌生人的偶遇"一方面让巧遇、邂逅成为缘分的最佳注脚,另一方面又让人把"隐私"的边界悄然向外推延:如果说传统意义上的隐私,更多地发生在私密空间里的话,互联网时代的隐私,则不难从公共空间的"足迹"中推演出来。这样的现实,把脸谱网的隐私政策,甚至业务模式推到了两难境地:如果不能记录用户的个人信息(包括隐私信息),或者记录了这些信息而不能加以利用的话,脸谱网就不会存在;但如果海量的记录和庞大的计算能力(特别是"社会计算"能力,比如人肉搜索)任其膨胀的话,每一个人的"数字化生存"状态,将日益变得透明。

《第一财经日报》总编辑秦朔在其微博里说:"我觉得微博好像是亿万面镜子,大的小的圆的方的尖的,它的意义不在于每一面镜子都能准确地映照周围的世界,而在于无数的映照,会让世界更加透明,让每个人有更多的判断权利。""一时间,'隐私'仿佛成了未来互联网发展的'拦路虎',难怪扎克伯格感叹道:'隐私是一个过时了的社会学用语'。"⑦

但是,人们有没有想过,这样的透明,在使各种丑行恶状无所遁形的同时,是不是也会殃及无辜,造成越来越多的误伤呢?这无疑是摆在我们每一个传播人面前的严峻课题。

(本文原载《新闻记者》2012年第1期。)

---

⑦ 参见秦朔的微博。http://weibo.com/1863057363/xoICe5ZKX

传言与真相

可以说,神话传说就是于今传言、流言乃至所谓谣言的前身。之所以有那么多而今看来荒诞不经的神话传说存在,一定是有道理的。这个道理,就存在于今天我们所讨论的传播问题之中。

如今困扰人们的所谓传言、流言、谣言之所以层出不穷,跟远古时代先民创造神话传说的动机一样,都是为了在语言层面把握自己的身份之谜,给周边的混沌世界一个合理的解释,并进而从这个解释中求得心灵的安慰。人们不知道自己从哪里来,所以必须编造一个想象出来的出处;人们不知道自己身处何处,所以要为周边的事物命名编故事。

因为人们坚信"只有说出来我们才'存在'"①，也只有向外界传播信息才能证明自己的存在。传播谣言也是通过表达对不确定世界的不满和焦虑并进而证明自己存在的一种方式。

在很多情况下，真相到底如何并不重要，重要的是民意。有学者就指出，民意也是一种真相。"你无法否认……民情也是一种真相。所以真相其实是不一样的，真相有多种。你不能因为一种真相而完全否认另一种真相的存在。"②

不仅如此，因为集中反映了人们对自己的身世以及现实世界的焦虑和不安，传言一旦产生，就有脱离事实真相而独立流传的趋势。

美国学者赫尔什·高德堡（M. Hirsh Goldberg）在《谎言之书》中，讲了一个骗子自己出面揭露也无济于事的骗局。

1917年12月28日，H. L.门肯这位尖刻的撰稿人和小品文作家在《纽约晚邮报》上撰写了一篇题为《被遗忘的纪念日》的文章。他在文章中悲叹"美国历史上最重要

---

① 邓晓芒著：《徜徉在思想的密林里》，重庆大学出版社2012年版，第105页。
② 谌洪果：《什么才是真相》，《民主与科学》2008年第5期。

的世俗周年纪念日之一,即澡盆在美国开始使用75周年纪念日"在"公众毫不注意"的情况下过去了。接着,他简单地回顾了澡盆的历史——"第一个澡盆是怎样在辛辛那提产生的"云云。

门肯的这篇文章,他自己后来称之为"无稽之谈",是"为了使人们从战时的极度紧张中恢复过来的一个玩笑"。但它很快就被人广泛引用,甚至一些有声望的杂志和学术报刊也作了转载。门肯本人开始收到读者来信,来信高度评价了他的文章。有人还要求知道更多的情况,更有甚者,有人竟愿意提供合作。

门肯的小骗局竟被人们当作事实广泛地接受了,连他自己也觉得过意不去。1926年5月23日他撰文表示收回原来的文章,并指出其他许多人如何为了自己的目的而使用了他那篇文章。门肯写道:"我开始在其他人的文章中看到我那十分荒谬的'事实'。一些按摩师和其他的庸医开始利用这些'事实'来证明医生的愚蠢。这些'事实'也被医学界作为公共卫生进步的证据。它们甚至还登了学术杂志上。国会辩论中也间接提到了它们。它们还漂洋过海,在英国和欧洲大陆得到了严肃的讨论。最后,我还在标准参考书中看到了它们。现在,我相信,它们已被全世界当作真理而加以接受。要想怀疑它们已变得与要怀疑诺曼人入侵一样冒险。这真是罕见的事情。"

实际上,澡盆有着悠久的历史,至少可以上溯到古希腊和古罗马。当时的人使用大理石和银做的澡盆。后来,中世纪的人有了木质的澡盆。金属澡盆的使用始于17世纪,到18世纪则进一步推广。对一般百姓来说,铜制澡盆过于昂贵,但到18世纪末,一种特别的油漆使得制盆者能够给澡盆刷上一层金属,从而可以制作价格适中的澡盆。后来,这种澡盆就取代了昂贵的木质和大理石质的澡盆。

门肯在文章结尾重申他写的澡盆历史"纯粹是一派胡言"。不过,他也指出这个故事现在已被写入了百科全书。门肯写道:"一位伟大的美国预言家说过,历史就是废话。"

门肯与事实的斗争并没有就此结束。他那篇揭露自己的澡盆骗局的文章被将近三十家报纸尽职地刊登了,其中包括《波士顿先驱论坛报》。该报在刊登门肯的文章的同时还配上了漫画,上书:"美国人轻信任何东西。"然而,三周以后,这家报纸在第一版又作为正面新闻,重新刊登了门肯十年前写的那篇文章。③

---

③ 以上引文,均见〔美〕古德伯格著,段胜武译:《谎言世界》,群众出版社1992年版。

这件事足以让我们警醒，新的信息一旦产生，就像魔鬼钻出了潘多拉魔盒，它会以惊人的速度传播，任何人都难以控制它的传播速度和方向——即便如秦始皇焚书坑儒那样的极端手段，也没能阻止儒学的传播；有时，信息流在传播过程中若遇到挤迫、压制，还可能像流体经过狭窄管道时一样，速度反而会加快。这，也许就是小道消息常比官方报道传播快得多的原因吧？

这样的谎言之所以得以一而再再而三地传播，与美国民族对自己短暂文明历史的莫名焦虑有十分密切的关系。

人们不仅关心自己从何处来，也担心自己将来能到何处去。人类对宇宙空间的探索的故事更加动人心魄。

（本文原由微信公众号《传播观察》于2013年12月8日群发。）

微博传播的伦理关切

据中国互联网络信息中心日前发布的最新调查报告,在过去的一年中,微博快速崛起,到2011年底,微博用户在网民中的比例,从2010年的13.8%提升到了48.7%,亦即有将近半数网民在使用微博,按照同期网民总数5.13亿来计算,微博用户人数已经接近2.5亿。微博服务也在中国获得爆炸性增长,其所实现的信息密度、传播的频度以及网民的联结度都远远超过此前任何一种网络应用。

作为一种社交工具,因其表达的便捷和沟通的方便,微博已经超越了其作为一种工具和平台的技术意义,而改变着中国的舆论传播生态和言论生态。转发影响时事,围观改变中国,评论推进改革,从曝光腐败到打拐慈善,微博在中国政治的发展、制度的推进、官民沟通和影响公共事件进程中扮演着越来越重要的角色。

微博开通的多种登录方式,使得大量的用户可以通过手机、上网本等各种客户端来即时更新自己的个人信息,打破了以往媒体更新周期过长以及时间和地域的限制。其表达形式也越来越多样化,用户可以更加随意地选择自己喜欢的方式来表达自己。在这里,以往媒体自上而下由传者向受者传播新闻的广播模式,已经开始向传者与受众点对点的传播即互播模式转变。而传统传播格局中被动接受信息的受众,也蜕变为新的传播者与信息接受者合二为一的互播者。微博,已经逐渐演变为一种影响全局的社会文化现象,甚至有人认为,对微博,无论怎么重视都不为过。

人心向善,对伦理道德问题的高度关切也自然成为微博传播的一大特点。

在传播动机上,个人总是倾向于掩恶扬善,而社会则倾向于抑恶扬善;而抑恶常常以揭恶为先导。所以,个人常有"好事不出门,坏事传千里"之叹之忧之惧,而社会舆论则以揭丑、讽议为乐。

微博平台上,那些散发温情、传达爱意的帖子,总是得到最大的关注。比如,广东珠海政协委员陈利浩为在甬温铁路动车追尾事故中受伤并丧失亲生父母的小伊伊捐款的微博,在24小时之内就被转发了90万次,谱写了一曲人间温情之歌。再比如,中国平安"一次转发一瓶水"活动,则有超过140位认证名人或明星自发参与,总转发超过23万次,成为新浪微博平台由商业企业举办的参与人数最多、转发数量最大、影响范围最广的微博公益活动之一。而那些违背道德伦理的言行,则无一不受到广大博友的无情鞭笞和唾骂。比如,郭美美托名"中国红十字商会总经理"网络炫富事件发生后,中国红十字会总会官方微博于2011年7月10日发表了如下博文:"中国红十字会总会再次真诚感谢广大公众和媒体对红十字工作的关心和监督,希望在今后的工作中继续得到大家的支持和信任。我们将以谨慎务实的态度和作风,继续发扬人道主义精神,致力保护人的生命与健康,把每一份爱心,每一笔善款,传递给最需要帮助的人。"因为此前中国红十字总会在郭美美炫富事件上反应迟钝、态度暧昧,虽然这条微博传达了一种美好的愿望,但并不被网友认可,结果这条微博竟然被以"呸!"字评论146 882次,转发254 592次,是许多博友自有微博以来所看到的负面评论转发最多的一条微博。再比如,前几年发生在网络上的"虐猫事件"、2011年发生在广东佛山某建材市场的小悦悦被反复碾压疑似路人因冷漠视而不见致小悦悦不治身亡事件等,也在微博上受到了大规模的持续谴责和反思。

当然,已经有越来越多的人认识到,传播中的伦理关切如果过于急迫,有时难免导致事实被歪曲,真相被掩盖,结果反而对社会的道德气氛造成伤害。微博传播同样如此。例如,在小悦悦被碾压事件上,由于最初传播者和广大民众过于急迫的道德关切,可能已经造成对若干路人道德品质的重大误解;其消极后果是,人们从这个可能被扭曲的事件中,更加感受到人情的冷漠和周遭环境的恶化,进一步丧失对社会公德的信心。而事实上,现实也许并没有如此糟糕。

所以,每一个微博传播者,都应该擦亮双眼,增益智慧,提升自己的境界,既要具备对现实世界的伦理关切,又要拨开道德的迷雾,用理性的分析和冷静的思考来中和满腔的热情和义愤,争取做一个善良而理智的传播人。

(本文原载《文汇读书周报》2012年4月6日。)

微博传播的政治情怀

微博传播虽然还是新生事物,但是因为它符合人的传播天性和世界潮流,顺应了民情民意,极大地解放了传播生产力,在一定程度上满足了广大民众的知情权、参与权、表达权和监督权,所以得到了十分迅猛的发展。

基于对博客和微博等传播现象的考察,澳大利亚文化与媒介研究领军人物之一、澳大利亚人文学院主席格雷姆·特纳在《普通人与媒介:民众化转向》一书中主张"重新定义新闻"。他认为,与传统"新闻大企业"正"面临着公信力和权威性危机"形成鲜明对照的,是"业余或准专业记者及博主的观点已经赢得了受众,他们与普通人的联系,即他们的民众化维度清晰可见"。伴随着自媒体的全面崛起,"在许多地方,新闻的呈现都与意见的呈现相融合,而对于恢复编辑功能以划分二者边界则少有人问津。实际上,存在一种意识,即在许多方面,比起貌似伪装的客观性来,公开表明意见是一种诚挚的、可信赖可接受的策略。意见的吸引力而不是可验证的信息的吸引力,反映为政治博客作为新闻源的数量在增多,通过贴评论和参加讨论的方式来参与在增多。"①

人类是一种爱智慧的动物,作为认识的主体,生而具有追求真理真相的内在冲动。亚里士多德则认为,人是天生的政治动物。因此,人类又生而具有追求公平正义、世界大同的精神需要。

微博传播时代,不仅新闻的形式发生了革命性的变化,按照特纳教授的建议,新闻的定义也有待重建。过去被新闻工作者奉为圭臬的所谓新闻专业主义或者国际传播巨头所标榜的所谓客观报道,都在新的历史时期受到了挑战。

正如学者谌洪果所指出的,除了"事实真相"而外,"还有一种更冷峻的真相,那就是'民情'"。"一种话语就是一种真相"。民意民情之所以跟事实真相一样值得重视,甚至比事实真相更值得重视,原因正在于事实真相的

---

① 〔澳〕格雷姆·特纳著,许静译:《普通人与媒介:民众化转向》,北京大学出版社2011年版,导言第7页。

难以逼近。这个问题可以这样理解：在信息爆炸和传播过剩的情况下，因为信息的碎片化传播，往往会使事件的真相更加扑朔迷离；相反，一定的历史阶段，民意民情却是明确的、确定的。真相的难寻，导致信息饥渴和民意纠结；久而久之，这样的民意竟作为真相的替代物，起到了真相的作用，给追求真相的人极大的诱惑。犹如望梅止渴，远方的梅林存在与否已经不重要，重要的是梅林所勾起的馋意。对于人来说，真相跟水一样不可或缺；如果出现真相的真空，必然需要真相之外的东西来充填。追寻真相的民意成为填补真空的首选，微博平台上的流言即是民意填补真相缺失的典型体现。微博平台上转发的许多流言，往往会以"求证实"或"求辟谣"为话头，就是明证。

《人民网评》曾经刊文指出："网民不等于全体人民，互联网作为公开透明的利益表达和利益博弈场，有待更多的社会群体参与进来，政府决策还得充分考虑那些'无声'的中国人的心声和利益。但网民又是对民生、公民权利、公共治理最敏感、最敢言也最擅说话的人群，'网络舆论'可作为现实民意的风向标和参照系。"②

---

② 人民网评：《网民、人民和公民——善待网民和网络舆论⑤》，人民网 2011 年 7 月 15 日，http://yuqing.people.com.cn/GB/210108/226474/index.html

中国青年政治学院展江教授据此提出:"微博,这一网络驱动型的公民参与,让滥用权力的人更加难以藏身,在推进整个社会信息公开的同时,消除信息不对称和暗箱操作,有可能发展为一种常态的舆论监督。"③广州大学公共管理学院院长陈潭教授则认为,微博正在成为我们公共生活的一部分。"微博问政不仅改善着中国的政治生态,也在考验着政府官员的执政情商和治理能力。"④

上海交通大学公共关系研究中心、舆情研究实验室不久前联合发布的《2011中国微博年度报告》认为,微博正成为"舆论风暴中心"和"官民沟通的新场域"。据上海交通大学舆情研究实验室对2009、2010、2011年影响较大的舆情热点事件的统计,微博首次曝光的比例依次为0%、16%、22%,呈现逐年上涨的趋势。微博维权之风也在2011年渐盛。上海交通大学人文艺术研究院副院长谢耘耕教授介绍说,微博还表现出强大的舆论引导和议程设置能力,在郭美美炫富事件、温甬线动车追尾事故、四川会理县"悬浮照"、上海地铁十号线事故等中有充分体现。2011年,"微博问政"蔚然成风。而且,网民很愿意通过政务微

---

③ 展江:《微博让滥用权力者难以藏身》,《网络舆情》2011年第60期。

④ 陈潭:《网络时代的微博问政》,《网络舆情》2011年第57期。

博关注政府动态。国家行政学院电子政务研究中心于2012年2月初发布的《2011年中国政务微博客评估报告》则显示，截至2011年底，中国政务微博客总数达到50 561个，较2011年初增长了776.585%。报告称，2011年堪称中国"政务微博客元年"，政务微博客进入了爆发式发展阶段，在短时间内已成为网络问政的平台和重要渠道，在社会管理创新、政府信息公开、新闻舆论引导、倾听民众呼声、树立政府形象等方面起到了积极的作用。

中国古代先哲说："天下兴亡，匹夫有责。"普通民众的政治情怀在微博传播时代得到了空前释放，借助微博平台，每个人都可以对社会热点事件加以关注、二次传播、发表评论乃至发起行动。广大微博用户对国际国内重大新闻事件的积极参与，掀起了一个又一个的传播奇观，不仅给传统媒体带来巨大的冲击，也使整个社会经历了一次又一次心灵的震撼。

近年来，中央领导同志曾多次强调要"善待媒体，善用媒体，善管媒体"。这里的媒体，当然应该包括网络等新媒体；而微博正是其中影响最大、参与最广的一种新媒体。我们看到，与广大民众"微博问政"的热情日益高涨相呼应，已经有越来越多的政府机构开始"微博理政"。

但是，据清华大学公共关系与战略传播研究所社会化媒体实验室的调查:"当前政务微博群体中80%患上了'痴呆症',既'盲'又'聋',自言自语。"同时,在网友的注视与研判下,某些政务微博因为"用词不当""关注不当""回复雷人""更新迟滞""官话套话""功能简单"乃至"漠视民意",渐渐为网友们所诟病。⑤当然,也有一些政务微博因为杜绝了这些弊端而受到网友的热捧。北京市政府新闻办公室主任王惠的实名认证微博@北京王惠于2011年11月20日中午发了这样一条微博:"开微博三天来,看到网友反映的问题,深感微博是了解民声的好渠道,快捷,直接。但目前有些部门还没开微博,网友的反映不能直接到达,这更坚定了我推进北京微博发布厅建设的决心,要让更多与百姓生活有关的部门和区县进入这个发布厅。否则大家反映给我,我再转到有关部门,中间环节太多,不解渴,网友失望我着急。"很快就被200多位网友评论转发。人们从中看到了希望。

另据人民网的报道,上海市政府新闻办公室日前宣布,为有效发挥政务微博公开政务、沟通民意、回应舆论和解决问题的积极作用,截至目前,上海已基本建成覆盖

---

⑤ 尹安学、李烨池:《政务微博失态都是心态作怪》,《羊城晚报》2011年11月20日,第A05版。

各级政府部门、公共服务机构和群众团体的政务微博群，400多家单位在新浪网、腾讯网、东方网、新民网四个微博平台开通近800个微博账号，政务微博群总粉丝量超过1 100万人次。这无疑是一个更好的开始。

（本文部分文字原载《文汇读书周报》2012年5月25日。）

私摄影与宇宙中未被感知之维

近年来,"私摄影"开始进入中国摄影研究者的视野。所谓"私摄影"就是"私人记录摄影"的简称。随着女摄影家南·戈尔丁《性依赖的叙事曲》的出版,"私摄影"一词也正式登场。戈尔丁被尊为"私摄影鼻祖"。而在地球的另一端,荒木经惟的摄影作品集《感伤的旅程》,也被视为"私写真"的处女作,成为荒木的宣言书。

1953年出生的戈尔丁是现在美国最受瞩目的摄影家之一。她在14岁的时候离家出走,与各种自我放逐于美国主流社会以外的青年人共同生活。在这期间,戈尔丁怀着"自己记录自己的历史"的愿望,开始以摄影方式如实拍摄他们的群体生活,不作任何修饰,赤裸裸地展示了处于社会主流边缘的一部分美国青年的生活实态。这些作品最初以有音乐背景的幻灯片展览形式在美国的各个美术馆展出，并于1986年以《性依赖的叙事曲》为名结集出版，引起巨大反响。她甚至在这本摄影集中放入了自己被男友打得鼻青脸肿的形象，以此打破摄影者只是观看者的惯例，开创了一种大胆地将私人生活纳入纪实摄影视野的新型体裁。1994年，她访问日本并与日本摄影家荒木经惟合作，出版了表现东京街头青年生活的摄影集，名为《东京之爱》。

但据复旦大学新闻学院顾铮教授对"私摄影"的研究，私摄影的最早实践者，当数19世纪牛津大学教授兼作家刘易斯·卡洛尔。

顾铮认为，从早期西方摄影史看，摄影术发明后，除了那些马上就把摄影用于制作满足人类偷窥欲的摄影人以外，最早为自己制作"私摄影"图像者，可能要数那个写了文学名著《爱丽丝漫游仙境》的牛津大学数学教授刘易斯·卡洛尔了。在他死后，人们发现他的照相簿内贴有七百多幅照片。而其中大量的照片是他拍摄的少女肖像。因为他的文学作品《爱丽丝漫游仙境》太过有名，所以其业余摄影家和教授的身份反而被遮蔽。顾铮教授指出，卡洛尔迷恋少女，并想方设法地接近他所能够接近的少女与她们的家长，说服家长们同意让他给她们拍照。尔后，他得寸进尺，从一般人物肖像到少女化装照片再到少女裸体照片，他一步一步地把视线之手伸向当时道德伦理所不允许触碰的禁区。在与少女们的周旋中，他以摄影为手段，从影像上占有她们。从这个意义上说，"卡洛尔可说是最早地充分地意识到了摄影作为一种借口实现一己之私的人。在他的照片里，许多少女影像呈现出丰富性与复杂性，同时透露了摄影家本人的内心隐秘与欲望"。①

在那个时代，从影像上视觉占有某人，其实只是占有者通过某种虽然与现实有涉却并不改变现实的途径实现其内心的满足，即在某个时空的自我充盈，却并不影响名义上被占有者的自在自由。从宇宙学意义上，这相当于某个未被感知的时空的存在，并不影响被感知到的宇宙景观；反过来亦可以说，可感知的宇宙现象并不是全部宇宙现象，因为可能存在某个小宇宙或宇宙的未被感知之维，映照了可感知的宇宙，并以映照可感知宇宙为存在形式。

众所周知，爱因斯坦在生命的最后四十年里，一直在寻找着他梦寐以求的"大统一理论"。但是他失败了。相对论与量子理论不能统一，成为现代物理学最核心的灾难。人们很难相信，在宇宙的微观层面和宏观层面，居然

---

① 顾铮：《中国私摄影论》（上），《中国摄影家》2006年第12期。

不是一个统一连贯的整体,我们对宇宙最深处的认识居然是由两个分裂的理论拼接起来的。为了能让两个理论协调起来,很多优秀的物理学家相继做过大量的尝试,他们以这样那样的方法,要么修正相对论,要么修正量子理论。虽然一次次的努力都胆识惊人,但结果却是一个接着一个的失败。最后,"超弦理论"终于浮出了水面。超弦理论认为,宇宙可能根本就不是由离子构成的,而是由很多极小的震动的弦和弦圈组成的。按照这个理论构想,尽管我们可能认为自己生活在由空间和时间构成的可见的四个维度内,但实际上可能存在着十维空间,看不见的那六个维度,卷起或压缩在我们可见的四维空间中。

这样的蕴含或称映照关系同样适用于社会宏观图景。可感知的宏大社会运动往往掩盖了许多未被感知的微观运动,哲学社会科学因为专注于宏观社会运动而必然忽视微观社会,尤其是个人的命运。历史总是大人物和大事件的记录;除非促成了大事件,芸芸众生从来不会进入历史学家的视野。

但是,历史上有些时期,这两种宇宙(之维)通过某种方式,相当于科学家所猜想的"时空隧道",实现了勾连。私人生活、视觉占有可能会影响乃至改变社会的整体景观,促成宏观的社会运动。

有人以一度热播的《水浒传》为由头，戏说潘金莲的开窗对中国历史的影响。"潘金莲撑开窗户，杆子掉下，历史在这一刻被改写：不撑开窗户，就不会遇到西门庆；不遇到西门庆，就不会被迫出轨；不出轨武松就不会怒杀之，武松就不会被逼上梁山；不上梁山，方腊也不会被武松单臂擒住；不被武松擒，方腊就能取得大宋江山；不会有靖康耻、金兵入关；不会有大清朝；不会有闭关锁国、慈禧太后；不会有鸦片战争、八国联军侵略和不平等条约；说不定资本主义最先在中国发展；到 21 世纪，中国将是世上唯一超级大国，什么美、日、越南都是浮云……"虽然历史不可以假设，但是，这样的戏说却不失为一项有趣的思维实验，颇具寓言色彩和启示意义。

陈冠希的私摄影是现实生活中耳熟能详的生动事例。香港艺人陈冠希为几位女艺人所作的私摄影，在某个未被预料的时刻，通过未被预料的形式被广为散发，一时竟到了无可收拾的境地，也从此改变了许多人的现实生活轨迹，甚至引起了大规模的社会躁动。

这个例子反过来说明，所谓宇宙中未被感知之维的未被感知只是暂时现象；也许终有一天，在趋势上，任何宇宙的未被感知之维都有可能被感知。人类社会亦然。俗谚所谓"若要人不知，除非己莫为"，中国儒学的所谓"慎独"哲学,都是基于信息披露的必然趋势所提出的人生忠告。只不过,在人生有限的时空滞留中,还是有大量的自我充盈状态不会被任何他人所感知。这既是个人在社会宏观运动中显得渺小的根源,也是个人作为自足自在个体成立(并保有隐私权)的宇宙学依据。

(本文原载《文景》杂志2012年8月号。)

成名的想象与扬名的焦虑

最近，有一位姓丁的南京少年非常"出名"，因为他在有三千五百年历史的埃及著名的埃克索神庙遗址的一面墙上刻上了自己的名字，被另一位游客发现并拍照上传到了网上。国人似乎在一夜之间对"到此一游"现象不约而同地产生了彻骨的痛恨，不仅认为在风景名胜地留言刻字有违道德，更感到在外国的名胜古迹上刻字是给全体中国人丢脸。针对这起事件的当事人，网友甚至发起了人肉搜索，虽经当事人家长出面道歉，仍然没有得到原谅。

这件事成为公共事件后，还牵扯出发生在世界各地的许多涂鸦刻画的陈年旧事，一时间成为各大网站和传统新闻媒体热议的话题。

记得陆晔和潘忠党曾在十多年前发表过题为《成名的

想象：中国社会转型过程中新闻从业者的专业主义话语建构》的文章。[①]他们从新闻从业者如何期待及建构专业名望入手，以考察在改革中的专业主义话语实践。"成名的想象"，这是一个好题目。在人类社会中，每个人都有得到社会认同的需要，得到社会认同的最高境界，就是成名。所谓成名，其实不仅仅是指出名，而是指得到一个好名声。成名不仅要靠想象，更要靠实力。因为一个社会的注意力资源是有限的，第一名、冠军、优胜者、模范、榜样、无冕之王等都是成名的代名词，因此不言而喻，要得到这样的名声，不仅要付出艰辛的努力，还要符合社会道德规范和主流价值观……正是从这个意义上，成名于个人来说，多半是一种想象，甚至是可遇不可求。出名就不一样。出名是每个人与生俱来的本能冲动，不能流芳百世，也要遗臭万年。

中国古代的史官多抱持秉笔直书的信条而不见容于当政者，这也成就了一大批史官的名声，所谓"在齐太史简，在晋董狐笔"，都是说的史官因秉笔直书而青史留名的故事。而司马迁忍辱修史，也历来被传为美谈。

---

① 陆晔、潘忠党：《成名的想象：中国社会转型过程中新闻从业者的专业主义话语建构》，《新闻学研究》2002年总第71期。

当然，历史上为求扬名而冒天下之大不韪者也不乏其人。人类历史上靠做坏事得以遗臭万年最最有名的是"小亚细亚的希腊人埃罗斯特拉特"。他为了"扬名于世"，纵火烧毁了位于小亚细亚的港口城市以弗所的女神庙——阿耳忒弥斯神庙，又称月亮女神庙。公元前2世纪，腓尼基旅行家昂蒂帕特把吉萨大金字塔、巴比伦"空中花园"、土耳其以弗所的月亮女神庙、希腊的宙斯像、土耳其哈利卡纳苏的摩索拉斯陵墓、罗德岛的阿波罗太阳神铜像和埃及亚历山大城的大灯塔赞为"世界七大奇迹"。这七大奇迹的命运都不太好。除金字塔尚在，其他则毁于天灾或战乱。命运最奇特的则数月亮女神庙。

月亮女神庙建于公元前560年，它以结构复杂、规模宏伟著称。不幸的是，二百年后，这神庙遭遇了一个朝思暮想名扬天下的疯子，此人就是埃罗斯特拉特。公元前356年，就在亚历山大大帝出生的当晚，埃罗斯特拉特潜入神庙，一把火把这座驰名世界的杰作给毁了。埃罗斯特拉特因此被处死。审判他的法官得知他的纵火动机后发誓，决不能让他出名！为此他特别下令：任何人在任何场合都不许提到埃罗斯特拉特的名字，否则也将被判死刑。但令人哭笑不得的是，两千多年过后，这埃罗斯特拉特的名字还是流传了下来，倒是那大法官姓甚名谁遍查难寻。

虽然在西方的词典里"埃罗斯特拉特"后来成了"疯子"和"精神病患者"的同义语,所谓"埃罗斯特拉特荣誉"则成为"可耻的荣誉"的代名词。

因为破坏成为出名的捷径,所以许多人选择了这条路。20世纪80年代,一位美国青年约翰·欣克利为了引起影星朱迪·福斯特的注意,竟然动起了刺杀在任总统里根的念头,并付诸实施。欣克利1981年3月31日在首都华盛顿持一支左轮手枪朝时任总统里根及三名同行者开枪,里根总统身中数弹,差点儿丧命。被捕后,欣克利被认定精神失常获判无罪,1982年进入华盛顿的圣伊丽莎白医院接受治疗。

苏东坡在任凤翔府判官时,结识了一个叫章惇的朋友。有一次,他们结伴旅行,路过一处叫黑水谷的地方时,碰到一条深涧。涧上有一极窄的木板,下临百尺深涧,涧中溪流翻滚,两侧是巨石峭壁。章惇提议从这木板上走过深涧,到对面岩石上题字,表示"到此一游"。苏东坡一看这个危险的境地,表示自己不愿冒生命危险到对面题字。章惇微微一笑,坦然走过那条窄木板,又把长袍塞在腰间,抓住一根从上面垂下来的青藤,坠到对面岩石上,在石上写下六个大字"苏轼章惇游此",而后攀藤、走木板桥回来。回来后,他一脸得意地等待苏东坡对他这种大胆精神的称赞。苏东坡拍拍他的肩膀,感慨道:"总有一天,老兄你会杀人不眨眼的。""为什么?"章惇没料到苏东坡居然这么"夸"自己,十分惊讶。"把自己生命不当回事的人,自然不会把别人的生命当一回事。"苏东坡说。后来,这个不把自己生命当回事的章惇果然也不把他人生命当回事。宋哲宗即位后,章惇官拜相位。他开始对"元祐党人"大加迫害。包括苏东坡在内,三十几个元祐年间的大臣受到降职,人数之多,前所未有,许多人因此客死他乡。对活人不客气不说,就是对死去的人,章惇也不放过。他还向哲宗提出,下诏将早已去世的司马光等掘墓毁尸!幸亏有人说了一句"如此,只将为本朝添污",司马光等才免去戮尸之辱[②]……撇开文章对世道人心的警醒意义不说,这个故事不仅从一个侧面说明,乱刻乱画的陋习是自古皆然,而且在不经意间也透露出过分执着于声名者,其人格多少有些扭曲。

当然,旅游最重要的目的之一,就是见证"某某某到此一游",没有"到此一游"的冲动,就没有旅游;除此之外,休养、购物等,不过是到此一游的副产品和衍生物。依我看,要缓解"到此一游"的症状,除了在旅游胜地设

---

② 事见宋人曾慥的笔记《高斋漫录》。

立永久性留言牌或留言碑之外，还可以借助互联网技术，使这种留言或留影能随时在网上检索查询。而要根治这一顽症，则必须从根本上做文章，即为民众提供宣泄的机会和渠道，使其到处留言的冲动得到疏解，并进而为其传播冲动创造出更多转化和升华的机会。比如在公共场合发言的机会、公开发表作品的机会、公开抒发感情的机会、扬名的机会等。

纵观整个人类传播史，总体而言，相对于民众迫切的传播欲望，传播渠道和媒介供应总是稍嫌匮乏的。正因为媒介资源是有限的，人们也深知这现状短期内无法改变，所以，大部分人都自知成名多半要在想象阶段止步；又正因为成名的希望越来越渺茫，人们不得不退而求其次，遂使扬名的焦虑成为缠绕终身的梦魇。

"十年寒窗无人问，一朝成名天下知。"靠打拼而成就声名固然难得，身处平凡岗位的平头百姓整日梦想着扬名想必也无可厚非。不仅如此，无论是成名的想象还是扬名的焦虑，都证明人之为人，是应该有所追求的；无论是成名的想象还是扬名的焦虑，都是人们自我期许、自我提升的原动力。只不过，在人类社会，每个人的成名或扬名，既不应以牺牲他人成名或扬名的机会为代价，也不能破坏社会的公序良俗，更不可突破法律的底线。如果一个社会已经提供了足够平等的扬名机会，而某些个人欲巧取豪夺以博出位，则理应受到道德的谴责乃至法律的制裁。

（本文原以《成名与扬名》为题，发表于《解放日报》2013年6月14日。）

杞人之忧与飞天梦想

传播学者戴元光写过一本介绍传播学知识的小册子,题为《传播——人的本能》。作者为该书做的题记写道:"人既不完全像上帝,也不完全像野兽,他的传播行为,证明他的确是人。"这句话很有趣,因为它让我们联想到维纳的控制论名著《人有人的用处》。但是令人遗憾的是,就是维纳,也没有认识到人在传播过程中的真正用处。

虽然人们打心眼里明白传播与接受是不对称的,但是总是幻想着自己的传播能得到大致相当的反馈;希望与周围的环境达成一种良性的互动,即交换信息。因此,人们都有一种了解世界大事的冲动。不仅如此,宇宙外层空间和遥远年代所发生的事也让人牵肠挂肚,甚至夜不能寐;所谓杞人忧天,并不是一个笑谈,而是自古以来人们研究天文学，从事外空探索实践的原始动力。

事实上，人们一方面担心外星文明侵入地球、统治地球；一方面又积极寻求与外星文明接触，不断向外太空传递地球人类的信息。人们对待外太空和外星文明的这种暧昧态度，着实有趣，也很值得玩味。

千百年来，人类一直向往能插上翅膀，飞出地球，探索宇宙的奥秘。在古代，嫦娥奔月的神话表达了人们飞向月球的愿望。李白曾在诗中写道："俱怀逸兴壮思飞，欲上青天揽明月。"但是，当时科学技术落后，脱离地球的引力束缚去太空旅行只是一个难圆的梦。

斗转星移，岁月如梭。人类经过不断开拓进取和不懈努力，科技发展日新月异。1923年H.奥伯特论述火箭飞行原理的经典著作《飞往星际空间的火箭》出版，1924年齐奥尔科夫斯基论述多级火箭的专著出版。火箭靠自身的燃料燃烧喷出气体的反作用力飞行。人类要进行星际探索，就必须借助于火箭。如果物体达到七点九千米每秒的速度，就可以围绕地球运行而不落下来，这时，它的离心力等于地球的引力。这个速度就是第一宇宙速度。如果速度达到十一点二千米每秒，我们就称它为第二宇宙速度，可以摆脱地球引力束缚在太阳系内飞行，但不能摆脱太阳的引力控制。当速度大于十六点七千米每秒，就可以飞出太阳系了，这就是第三宇宙速度。

1957年10月4日，苏联第一颗人造卫星上天，拉开了人类航天时代的序幕。第一位进入太空的人，就是大名鼎鼎的宇航员加加林。1961年4月12日，他乘坐"东方号"宇宙飞船环绕地球飞行一圈，历时一百零八分钟，写下了人类航天飞行的新篇章。

月球是距离地球最近的天体（约三十八万公里），是人类进行太空探险的第一站。苏联1959年发射的月球二号探测器在月球着陆，这是人类的航天器第一次到达地球以外的天体。同年10月，月球三号飞越月球，发回第一批月球背面的照片。1970年发射的月球十六号着陆于丰富海，带回地球一百克月球土壤。

美国人也不甘落后，在20世纪60年代开始了雄心勃勃的征服月球的"阿波罗"计划。它的目的就是登上月球进行实地考察。在此之前的1961年到1967年间，九个"徘徊者"探测器、七个"勘探者"探测器以及五个月球轨道器先后对月球进行考察。它们拍摄了照片并分析了月球的土壤，为登上月球做准备。紧接着，"土星"五号运载火箭先后向月球发射了十七艘"阿波罗"飞船。其中，"阿波罗"一至三号是试验用的飞船，四到六号是无人飞船，七号飞船载人绕地球飞行，八到十号载人绕月飞行，十一号至十七号是载人登月飞行。

让我们来重温当时激动人心的场面吧！1969年7月16日，美国"阿波罗"十一号飞船，载着阿姆斯特朗、奥尔德林和柯林斯三人在美国肯尼迪航天中心升空，飞向月球。到达了月球轨道后，由柯林斯驾驶飞船绕月飞行，而阿姆斯特朗和奥尔德林驾驶登月舱于7月20日在月面静海降落。阿姆斯特朗第一个登上月球。他说出了下面这段意味深长的话："对于一个人来说，这只是一小步；但对人类来说，这是巨大的一步。"他们在月面上进行实地科学考察，并把一块金属纪念牌插上月球，上面镂刻着"公元1969年7月，来自行星地球上的人首次登上月球。我们是全人类的代表，我们为和平而来"。

20世纪七八十年代，美国先后发射了多艘飞船对太阳系各大行星进行考察，并最终飞出太阳系，向宇宙空间进发。其中，1972年发射的"先驱者"十号和随后发射的"先驱者"十一号飞船携带了相同的地球名片——镀金铝板，上面有一男一女的裸像，以及太阳与九大行星位置的图像，同时表明它们是从太阳系中第三颗行星上飞出去的。"旅行者"一号和二号探测器，各自带有一套"地球之声"的唱片，唱片上有照片、六十种语言的问候语、三十五种各类声音和音乐。其中包括中国长城和中国人家宴的照片,粤语、厦门话和客家话,音乐中有中国的"流水"。人类希望有朝一日它们能被"外星人"收到。

这一切,在许多人看来,也许只是人类在对宇宙作科学探索时的一个小小的插曲;实则不然,在传播本体论的观点看来,这反而恰恰是隐藏在人类探索宇宙的种种花样背后的真实意图——要将人类的信息,尽其所能地传之久远——哪怕这样做要耗费无法估量的资源,甚至如我们事实上所看到的那样,要付出人类许许多多个体生命的代价!

在人类航天史上,发生过多次机毁人亡的惨剧。载人航天史上最大的恶性事故是1986年1月28日美国的"挑战者"号航天飞机发射后爆炸。1986年1月28日,美国东部时间上午11时38分,"挑战者"号航天飞机载着七名宇航员缓缓升空,起飞后一分钟,"挑战者"号一切正常。然而,当时间指向发射后第73秒时,天空中突然出现一个橘红色火球,随即四下扩散开来,而两枚失去控制的固体火箭助推器却向两边继续飞去。"挑战者"号航天飞机爆炸了,机上七名宇航员全部遇难,价值十几亿美元的航天飞机顷刻间烟消云散。数以万计的电视观众目睹了这一悲剧的发生,"挑战者"号就如同一片巨大的阴云笼罩在人们心头。

为了太空探险，许多国家花费了巨额财富，许多人付出了毕业的心血，还有许多人献出了宝贵的生命。可是，太空探险真的有能上得了台面的充足理由吗？或者说，人类的太空探险行为，经得起理性的检验吗？我的回答是否定的。

某种意义上，人类的太空探险就是全人类参与的一种电子边疆艺术活动。电视直播（如今可以进行网络直播）使任何一次太空行动更像是一场大型文艺演出。

事实上，与探险的科学价值相比，其审美价值和象征意义更大。换言之，所谓太空探险，只不过是人类欲将其基因信息传播得更远更久的一种行为艺术而已。

（本文原由微信公众号《传播观察》于2015年6月20日群发。）

"液晶文明"叫板"纸浆文明"

几周之前,"亚马逊绕开出版商与作者直接签约"成为坊间一个引人关注的重大事件。最近,加拿大电子阅读器厂商科博(Kobo)也宣布将追随亚马逊的脚步,转型成为内容的独立出版方。科博首席执行官米歇尔·瑟比尼斯(Michael Serbinis)表示,科博将于明年制订出一个详细的出版方案——直接与作者签约,为作品的出版提供全方位的服务。另据百道网2011年11月1日快讯,英国公平贸易局(Office of Fair Trading)宣布了对亚马逊收购英国在线书店The Book Depository长达四个月的调查结果,认为收购不会导致英国书业竞争不足。英国书商协会和英国出版商协会均已对调查结果进行了回应。英国书商协会表示,对收购的批准将导致亚马逊有更多力量将竞争对手挤出市场；英国出版商协会则呼吁对图书零售业，特别是在线图书零售进行整体的监测。英国书商协会执行理事提姆·格德弗雷(Tim Godfray)说："亚马逊现在有足够的能力将竞争对手挤出市场，而且已经开始这么干了，它将会在将来获得予取予夺的绝对权力。"

"液晶文明"对阵"纸浆文明"。关于"亚马逊绕开出版商与作者直接签约"这件事，本人认为：第一，不能用"绕开"来说事儿；农民将自己种植的蔬菜水果挑到市场上去卖，或者游客从旅游目的地带回土特产，你能说他们是绕开了农产品批发商吗？其次，亚马逊与作者签约，也不是一个"事件"，而只是亚马逊商业模式成长过程中的必经阶段；就好比谷歌地球、百度地图逐步悄无声息地取代纸质地图册一样，那都是自然而然的事。第三，"亚马逊绕开出版商与作者直接签约"之所以成为一个事件，源于传统出版商的先入为主和对前途的担忧；如上文提到的英国书商协会和英国出版商协会所表现出的极度自卑一样。

在我看来，数字出版商——不一定是亚马逊——必然会取代传统出版商称霸出版业，就像印刷出版物曾经取代了石刻、简帛一样。"纸浆文明"必将被"液晶文明"（泛指液晶显示、电子墨水等所有读屏文化）所取代，几乎是没有悬念的事。玻璃发明后，铜镜只能进博物馆；电子书普及之日，纸质书也会成为收藏品。

曾有记者问到："作为出版商一方，您是否有危机感？这种危机感与此前相比，有什么不同吗？"我的回答是：出版社作为一个企业，任何时候都应有危机感；而不应只在重大事件发生时才产生危机感。在当今这个人人可为出版商的时代，不仅亚马逊可以与作者直接签约，作者还可以与读者直接牵手；传统出版社更应该朝乾夕惕，丝毫不可懈怠。在新媒体取代旧媒体这件事上，没有如果，只有必然。中国传统出版业必然会产生一个像亚马逊一样强大的对手，但是无论如何，我们都可以有所作为。正如网友@奥卡姆剃刀在其新浪微博上所说："纸张油墨甚至文字不过是信息的载体，落后载体必将被淘汰。您的工作对象是书所承载的信息，而不是书本身，即使纸书消亡，您的工作依然很重要。"传统出版商在积极关注技术的进步、读者的变化以及商业模式的革命的同时，一定要坚持不懈地在内容生产上下功夫，把信息收集、整理、加工、改造的工作做到极致。传统出版业在数字化转型上的极度自卑，似乎源于一种"高科技恐惧症"。我们常常把亚马逊、盛大、中国移动等数字出版平台当作洪水猛兽来加以提防，而不是主动接触，更遑论为其定制内容了。

当然，有实力的出版商，尤其是最近几年靠合并壮大起来的出版集团，完全可以尝试建立自己的数字出版平台，在新的领域直面应对新媒体平台的竞争。而对那些小型出版社来说，维护好与现有作者的关系，做好几个看家选题，才是当务之急。

"媒介平台"挑战"传统媒体"。相比传统出版业，亚马逊、科博等确实具有无可比拟的优越性，因为它们具备一种传统出版业无法提供的全新功能，即"意义服务"功能，因此得到作者的青睐不足为怪。暨南大学新闻与传播学院教授、传媒产业与新媒体顾问谭天在探讨传媒经济本质的时候，提出了"意义经济"的概念，认为"意义经济是指媒介产品通过传播过程并使人们产生生产、流通和消费行为从而实现其商业价值的活动。它包括三个组成部分：意义消费、意义影响、意义服务。"传统媒体主要生产"意义消费"和"意义影响"；而亚马逊这样的"媒介平台"则提供"意义服务"。所谓"意义服务就是通过各种技术手段、服务产品和聚合平台，为传媒经济提供运行的基本条件，并在此基础上形成各种商业模式和经济形态。进入媒介融合时代，单一媒体单一产业已不能适应发展需要。于是，一种新的媒介组织形态出现了，那就是平台。媒介平台的本质就是为传媒经济提供意义服务，以满足传媒产业运行的基本条件。换言之，意义服务就是媒介平台的存在基础和核心价值。如果从传媒分工和产业功能来看,媒介平台扮演的是一个综合服务提供商的角色"。①这样的角色,显然是传统出版业无法胜任的。

事实上,已经有越来越多的作家表示了对传统出版行业种种"旧规则"的不满,并因此选择与亚马逊等合作,放弃传统出版业。因此,与其说是亚马逊击败了出版商,不如说是亚马逊建立的规则占了上风。"旧规则"确实是传统出版业得以长期获取高额利润直至高枕无忧的法宝,但是,媒体平台时代,这样的旧规则逐渐被打破了。事实确实如此。亚马逊进入出版领域,取消了传统出版商作为中介的角色功能,并且向作者承诺更高的电子书销售收入分成。比如,美国顶级畅销书作者、惊险小说家巴里·艾斯勒(Barry Eisler)为了与亚马逊合作,就拒绝了与他长期合作的传统出版商提供的两本书 50 万美元版税的合约。艾斯勒的新书 The Detachment 已经在上个月以数字版的形式出版,并且刷新了他的个人电子书销售纪录。他现在每卖出一本电子书赚的钱远多于以前与传统出版商的合作,而且其作品的销售数量也远高于以前。

---

① 谭天:《基于关系视角的媒介平台》,《国际新闻界》,2011 年第 9 期。

不过,从某种意义上,既不能说是亚马逊击败了出版商,也不能说是亚马逊建立的规则占了上风,而是时代的进步把传统出版业远远地抛在了后面。谁也说不清出版业在数字时代应该建立怎样的规则。顺应时代的潮流,满足作者和读者的需求,就是最大的规则。

出版过程中真正必要的角色只有作者和读者,介于两者之间的其他角色,诸如出版商、出版经纪人、印刷厂、网络运营商等都有机会,也都有风险。未来出版的产业链肯定不会如此繁复,也未必都必须包含如此多的环节,而是趋于多样化。这其中,出版商可以变身为出版经纪人(一如演艺界的星探)或者出版经纪人加内容加工商。不过,并不是现今所有的出版机构都有这样的机会,如果不思改进,跟不上时代的发展,也许会被淘汰出局。当然,出版商也可以向风险资本家转型,负责发现较有潜力的作者;但是,同样没有任何现成的理由表明现今的出版商比亚马逊等网络运营商或媒体平台更具优势。是该我们卧薪尝胆,苦练内功,自我提高的时候了。

(本文原载《文汇读书周报》2011年11月11日。《文摘报》2011年11月22日选摘。)

内容何以为王?

"内容为王"是出版传媒界最为人熟知的从业理念之一,按照其倡导者维亚康姆公司总裁雷石东的说法:"传媒企业的基石必须而且绝对必须是内容,内容就是一切!"随着互联网产业的飞速发展,在网络平台服务创造了一个又一个商业奇迹之后,这四个字则日渐成为传统内容供应商对付网络运营商的咒语。他们念念不忘这四字真言,似乎也想借此在自我安慰之余,达到吓退那些年轻对手的目的。

其实,许多论者对"内容为王"这几个字的真意并不明了,只是近乎出于本能地总要念叨这个咒语罢了。

朱夏炎认为:"不论科技怎样发展,传播手段如何更新,'内容为王'的实质不会变。"但同时又指出,网络化时代，媒体的启蒙功能已经逐渐褪色，受众在海量的信息面前，只会选择对自己有用的，因此，更具服务性与工具性的、目标受众更加细分的媒体有着强烈的市场需求，"媒体工具化时代呼之欲出"。非常明显，这番论述，不仅不能证明内容为王，倒恰恰证明了作者后面所说的，如果不"转变以纸媒为中心的传统观念，大胆突破纸质界限"，"依托新媒体先进的技术手段和传播形式"，任何精彩的"内容、思想和观点"，都将是徒劳无益的。"死的是纸，活的是报，作为内容和思想的提供者，传统媒体必须抓住当前稍纵即逝的机遇，主动与网络合作，特别是与国内大的互联网企业合作，充分利用网络信息技术，开发报纸的内容优势，以新媒体为载体，实现数字化转型，适应不断变化的读者口味和消费需求。"①

当看到美国人拍出的《花木兰》大卖后，有些人马上会说，看，还是内容为王，他用的是中国传统文化的精华。问题在于，你守着花木兰这样的传统文化经典几百上千年，怎么不见你赚钱呢？最令笔者感到困惑的是，每当谷歌或苹果公司推出一项基于网络平台的内容服务新模式

---

① 朱夏炎：《"内容为王"的实质不会改变》，《中国记者》，2011年第11期。

时，传统出版人也总要急急忙忙地发表感慨说："还是内容为王啊！"殊不知，传统出版社做了上百年的内容，为什么没见你因此而称王了呢？到底是内容还是内容的表现形式使一个企业立于不败之地的？明眼人一看便知。

不仅传统媒体人满足于这样的自欺欺人之说，一些新媒体人的认识也很模糊。2011年9月19日，"珠江论坛之媒体变革系列讲座"上，网易公司创始人、网易首席执行官丁磊就认为互联网仅是媒体发展的载体，声称媒体发展应坚持内容为王。他还举例说，金庸小说中的很多元素被用来做游戏，《盗墓笔记》的衍生产品也已产生巨大的经济效益，这些都是精彩内容所产生的效用。这完全是未经慎思的说法，是对媒体人的误导。丁磊在演讲中还承认，自己曾认为微博是个很不靠谱的东西，"在小手机上发微博又慢又不舒服"。不过，智能手机的出现改变了这一切，让人们领略到信息组织方式和交互方式的巨大改变。"每个人成为个人的媒体中心，有些消息会无缘无故地放大和传播。"依我看，他的想法至今仍然很不靠谱。金庸小说中的元素用来出书已经无利可图，而用来开发游戏才能产生巨大的经济效益，这不正说明形式更加重要吗？

其实，在信息量一定的情况下，从来就是传播的形式比内容更重要——只有运用合适的传播形式和技巧，才能使内容更容易被受众所接受。而根据麦克卢汉关于媒介即信息的观点，也至少是形式（媒介）与内容（信息）同等重要。在某种意义上，一组内容的不同组织形式，可能传达完全不同的信息；就好比碳原子的两种不同组织形式，分别形成了石墨和钻石。在一定尺度上，水的物理形态（形式）比水的化学结构（内容）更加重要。比如气态的水可以推动电机；液态的水会冲决堤岸，带来洪灾；爱斯基摩人则用固态的水来构筑住所——而所有这些均与水的化学分子式没有多大关系。世间事物，其科学原理往往十分明确而单一，其表现形式却变幻莫测，丰富多彩。人类的精神产品，其主题也是十分集中的，不外乎生老病死爱恶欲；而其表现形式却千变万化，精彩纷呈。

我们知道，著作权法保护的就是思想的表达形式，而不是思想本身。版权法更是保护的形式。如果真的是内容为王，那么著作权法和版权法就一定会把内容给保护起来，一位作家写了失恋，其他作家再写失恋就得向他支付版权使用费；一位作家写了星球大战，其他作家就不能再写。

幸好事实并非如此。真格基金创始人、新东方联合创始人徐小平在其新浪微博中引用了一个案例：来自巴基斯坦的新移民 Tariq Farid，五年前创办了爱蒂宝公司，专卖

"水果拼盘",他们把哈密瓜、草莓、苹果、猕猴桃等新鲜水果,拼成鲜花一样的礼品,能看也能吃,给客户带来了惊喜。现在该公司在全球拥有五百家分店,公司估值亿万美元。"所以,不要小看服务和创意!"

其实,所谓创意产业,就是专门在形式上做文章。汽车本来只是代步工具;但是,如果仅仅把汽车作为代步工具来生产,哪里需要那么多的颜色和款式?哪里会有精彩纷呈的汽车文化?作为当今世界设计大宗的汽车设计也可以休矣。

内容确实很重要,但是,比内容更重要的,是内容的表达形式、分发(获取)渠道;还有最最重要的,那便是符合使用者个性化需求的灵活服务。内容可以为王,但是,不注重形式的内容,断然无以为王。

(本文原载《文汇读书周报》2012年3月16日。)

大众媒介应承担传播生活常识之责

在众多关于新闻的定义中，有一个流传甚广的说法，叫"狗咬人不是新闻，只有人咬狗才是新闻"，意即新闻就是新奇的消息。但用这样的新闻观来指导新闻实践，虽能抓住读者的眼球于一时，却未免会落入八卦和猎奇的泥潭，甚至有一些不良媒体为了产生轰动效应，不惜昧着良心制造和策划假新闻，不仅伤害了报道对象，也侵害了公众的知情权。而愚弄受众的后果，最终只会使媒体本身的公信力受损。

我倒觉得，大众传媒普及社会生活常识不仅是一种责任，也是博得眼球的重要途径之一。对都市报刊来说，坚持刊登实用信息从来都是稳定读者的法宝。广播电台在电视的强势挤压下，曾经到了崩溃的边缘，但是驾车一族的兴起和驾车人对实用信息的强烈需求，给了广播电台新的生存和发展机遇。这些年各地电台的交通和气象信息频道的火爆，就是明证。但是近年来，媒体不仅在传播社会生活常识方面做得很不够，而且还经常因为年龄趋势呈低龄化的从业人员自身缺乏生活常识，犯了不少愚蠢的错误。

大众传媒主动承担传播社会生活常识的责任，也是其社会分工所决定的。大众传播媒介按其社会分工应具备四大职能，即监测社会环境、协调社会关系、传承社会遗产和提供娱乐消遣。其中，对社会环境的监测和对社会关系的协调，主要靠提供及时真实的信息来实现，社会大众会根据最新信息及时调整自己的行为和心态，使社会关系得以维持，各项社会活动得以顺利开展，人类的生产和再生产得以正常进行；娱乐消遣的职能主要靠传递文学艺术等信息来实现；而传承社会遗产的职能则主要靠传播科学知识、文化知识、法律知识、社会共识和群众智慧来实现。

科学知识的普及是传承文化的重要方面。人类文明的进步，直接与一系列科学发现相联系。没有科学知识的继承，人类文明的进步就会出现停滞，乃至中断倒退。在我国，社会学常识和心理学常识的普及是两个长期不被重视的领域，特别是有关行为异常和心理异常的知识得不到传播，因而普遍存在着诸多认识盲区。在社会日常生活中，这方面所遇到的困扰也尤为突出；一些精神病患者和心理异常者因为没有被有效识别而得不到及时治疗，严重者往往酿成社会惨剧。

文化知识包括人类共同历史的常识、民族国家独特的文化传统、人文地理知识、宗教知识以及社会礼仪和道德规范等。其中，关于人类共同历史常识的传播，有利于在潜移默化中养成公民的国际意识和自觉融入全球社会的主动性；民族国家独特的文化传统和人文地理知识的传播，则有利于养成民族认同感和自豪感。关于宗教知识的传播，有利于消除宗教隔阂，营造不同宗教信仰者之间和睦相处的社会氛围。关于社会礼仪和道德规范等知识的传播，也是维系社会稳定有序发展的重要保障。

公民社会是法制社会，宪法和法律知识的普及，也是大众传媒应承担的主要职责。不仅如此，大众传媒机构及其从业者自身的法律意识和法律知识素养也有待提高。法律知识的传播在当今社会矛盾日益突出的社会转型期，尤其显得迫切。事实上，一些人正因缺乏起码的法律常识而走上了犯罪的道路。关于知识产权方面法律知识的传播，无疑有利于培养社会公民自觉使用正版抵制盗版的意识。而关于隐私权、名誉权等相关法律知识的传播则有利于广大网民树立正确的虚拟传播观，减少网络虚拟交往过程中的信息披露失当。

所谓社会共识就是一个社会中大多数人就一些重大问题达成的一致看法，对这些重大问题的一致看法，是社会保持稳定和人们之间进行有效交往的认识基础。比如尊重生命的意识、以和为贵的意识、平等自由的意识、和平外交的意识、环境保护的意识等，就可以说是当今我国的社会共识。这些社会共识虽然是大多数人的一致看法，但在一定时期又并不是为所有人所了解或认同，因此对这些共识的传播也很有必要。

大众传媒通常受各种利益驱使和各学科专家影响，所发表的言论有时反而会背离常识，所以，必须自觉地倾听群众的呼声，用群众的智慧来检验专家的观点，当发现专家观点与群众观点不符时，至少应做到不一边倒。近年来，一些偏颇的观点常见诸报端，诸如"不要让你的孩子输在起跑线上"之类的言论，给中国教育带来了很大的负面影响。这类未经深入研究而下的武断结论，给人们的思想造成了极大的混乱，大众传媒有责任加以甄别。

最近，《华尔街日报》中文网高级编辑徐可，在参加该报纽约总部举行的"新闻业如何在自媒体时代生存"的培训后发表微博称：演讲者中从企业高管到大学教授，都认为传统媒体应该深刻变革，比如应该保留优秀的记者，写真正有见地的文章。而报道一般性新闻的工作应更多地由智能机器和自媒体来完成。是否可以这样理解，在自媒体时代，大众传媒作为新闻机构的功能多半已被网络和自媒体所取代，而其传承文化的责任则应得到强化。

只有这样，传统媒体才算完成了在社会分工中所应尽的职责，也才具有继续存在的理由。

（本文原以《传媒有传播常识的责任》为题，发表于《文汇报》2011年12月5日。）

传播与黑天鹅

黑天鹅事件(Black swan event)指非常难以预测,且不寻常的事件,通常会引起市场连锁负面反应甚至颠覆。从次贷危机到东南亚海啸,从911事件到"泰坦尼克号"的沉没,到瑞士央行放弃欧元兑瑞郎汇价下限后,瑞郎的暴涨,黑天鹅存在于各个领域,无论金融市场、商业、经济还是个人生活,都逃不过它的控制。

今年年中发生在A股市场的股票暴跌事件和天津港大爆炸惨剧,就是近在眼前的黑天鹅事件。

纳西姆·尼古拉斯·塔勒布(Nassim Nicholas Taleb)在《黑天鹅——如何应对不可知的未来》一书中指出,人们总是以自己有限的生活经验和不堪一击的信念来解释不可预测的事件;即便是精于算计的专业人士,也难保不被随机性愚弄，其实我们应该做的是顺应这种不可知的未来。

其实，所谓黑天鹅自古就存在，只不过自澳洲被"发现"后才为欧洲人所知一样，随机发生的危机事件也是自古就有，只不过进入风险社会后更加常见而已。

就像黑天鹅的出现，首先是一个传播事件一样，社会生活中的许多突发事件，最初也是由传播引起的。从这个意义上说，黑天鹅现象首先是一个传播现象。

据流传甚广的说法，第一次世界大战的导火索是著名的萨拉热窝事件：1914年，帝国主义国家矛盾空前激化，两大军事集团之间的战争一触即发。为了对塞尔维亚进行军事恫吓，奥匈选定塞尔维亚被土耳其征服的"国耻日"（1386年6月28日）在波斯尼亚首府萨拉热窝举行军事演习，以示其侵略野心。塞尔维亚民族主义组织决定派人去暗杀指挥这次演习的好战分子奥匈皇储斐迪南大公。6月28日上午，斐迪南夫妇检阅军事演习后，对萨拉热窝市区进行巡视。加·普林西普冲上前去用枪打死斐迪南大公夫妇。德奥集团在暗杀事件发生后，欣喜若狂地叫嚣道："这是千载难逢的机会。"[1]经过"七月危机"，第一次世界大

---

[1] 赵登明著：《简明中外通史（上）》，吉林文史出版社，2012年版第356页。

战全面爆发。

按照阴谋论者的说法，萨拉热窝事件是奥匈帝国为了寻找战争借口而放任暗杀者行凶杀人的苦肉计；但是如果用塔勒布的思想考察，那就是一个标准的黑天鹅事件。黑天鹅的出现，要引起严重扭曲放大的出人意料的后果，必须借助传播途径；同时，激进分子决定通过极端手段报复或示威，也是基于信息极度不对称的现状而做出的鲁莽之举——他们不知道奥匈帝国正在等待这次事件，更无法预见接下来死亡1 537万多人的世界大战会因他们的"正义之举"而起。

从一定意义上说，信息不畅是一切突发事件成为突发事件的根本原因。天津港大爆炸所引起的巨大伤亡和前所未有的社会震撼，都与传播脱不了干系。

爆炸发生前，民众不知道危险品仓库离家那么近；爆炸发生时，消防员不知道仓库里有何种以及多少危险品；爆炸发生后，媒体和媒体背后的读者、观众没有得到有价值的信息……假如信息得到充分传播，许多所谓的黑天鹅事件，根本不会发生。

以这次天津港大爆炸为例：如果事前民众知道身边有个危险品仓库，要么民居不会启用，要么仓库被取缔，爆炸不可能发生，发生了也没有那么大的危害；如果消防队事前知道危险品品类，就不会贸然进入、贸然用水，也就不可能导致那么惨烈的牺牲；如果事件发生后政府官员对关键信息不是三缄其口，也不会激起民众如此强烈的不满。

其实股市里发生的黑天鹅事件，道理也一样。散户与庄家、机构、管理者之间存在严重的信息不对称，市场是混沌的，而不是透明的，犹如一只黑箱，从里面摸出一只猫还是一条毒蛇，全凭运气。

归根结底一句话：信息透明、充分传播才是人类社会和谐、最大限度减少突发灾难事件的济世良方。

传播兹事体大，须臾不可轻忽！

（本文原由微信公众号《传播观察》于2015年9月26日群发。）

柴静的《看见》，让我们看见了什么？

节目主持人柴静的《看见》一书，引发了民众讨论乃至媒体同行的质疑，这又促使了《看见》一书的畅销。

人们透过《看见》这个节目和《看见》这本书，究竟看见了什么呢？或者，换句话说，人们透过柴静的《看见》，是真的希望看见点什么吗？抑或是，人们只是希望用柴静的看见来代替自己的看，只要柴静看见了，自己就可以睁一只眼闭一只眼，只要电视节目主持人看见了，自己就可以安坐在沙发上品头论足了？

在写这篇文章时，偶然看到一则微博："信息不对称，所以百姓被愚；信息不对称，所以消费者被骗；信息不对称，所以年轻人上当……下半辈子，我将用有限的认知提供更多的信息——为那些愿意接收的人。"

寥寥数语，既道出了真相"供应"的难得珍贵，又流露出对真相需求不足的担忧——因为到底有多少人"愿意接收"真实信息，还真的不好说。

几乎每个人都声称尊重事实、捍卫真理、追求真相。但无数事实证明，许多人都不敢正视现实，尤其是违背人生理想和美好想象的丑恶现实。柴静所主持的《看见》节目已经对事实真相做了必要的过滤；即便如此，柴静的某些采访仍然让人目不忍视。

这貌似关乎传播伦理或新闻专业主义，实则牵涉到社会和人生的大问题——说句耸人听闻的话，对类似问题的讨论，甚至会动摇新闻业的根基。

重要的不是事实，而是对事实的看法，这个对事实的看法，就是所谓的了解真相。从这个意义上说，有多少种观点，就有多少种真相。在哲学层面亦可以说，有多少个认识主体或观察者，就有多少个真相。借用柴静的话，如果说采访是一种抵达，那么，永远无法抵达的，就是真相。

李庆西《禅外禅》引用了《玉堂丛语》里的一则明人逸事——明代隆庆年间，大学士徐阶退职回乡。一天，徐阶宴请亲朋故友，酒席上有位客人将桌子上的一件银质餐具塞进自己的帽子里，不料恰巧被徐阶看见了。宴席快要散时，张罗宴席的管家查点餐具，发现少了一件，就叫仆人查找。徐阶见了这架势,即刻上前劝阻。凑巧的是,那位偷拿银器的客人这时因为喝得太多而正在桌边倒头酣睡,帽子滚落一旁,藏在里面的银器也掉出来了。徐阶不忍看到这一幕,竟背过身去,并吩咐仆人仍将银器塞回那位客人的帽中……①

新闻永远无法还原真实,即便它能无限接近真实。无论是像知名记者闾丘露薇主张的那样从新闻事件出发,还是像柴静那样把目光聚焦于事件中的人,新闻永远无法还原真实。即便是像当年美国媒体跟踪拍摄辛普森杀妻案那样的近乎新闻直播的报道,也没有做到还原真实——辛普森几乎是在电视直播的情况下杀死了他的妻子,结果法院仍以证据存在漏洞而判辛普森无罪。

当然,这并不能成为我们放弃追求新闻真实的理由。也不仅仅是因为新闻虽然无法还原真实,却可以无限逼近真实;而是因为新闻工作者对事实的追问,让绝大多数社会成员免除了监测环境的疲累和因疏于监测而必然产生的惶惑。新闻工作者代替社会大众观测环境的变化,提供变化的信息,在某些自然气候或政治气候极端恶劣的年代,新闻媒体哪怕只是报个天气预报,也能给人带来某种安慰。

---

① 李庆西著:《禅外禅》,人民文学出版社2005年版,第170页。

如果说新闻工作者一定要遵循某种伦理规范的话,坚持工作,就是新闻工作者职业伦理的底线。因为长期生活于大众传播媒体构造的虚拟环境之中,人们依赖新闻媒体久矣,就像鱼离不开水,人已经离不开新闻了。

更为重要的是,人们习惯了在新闻工作者建构的拟态环境中生活,却未必能适应未经拟态的真实生活。换句话说,人们宁愿相信新闻里说的,也不相信自己亲眼目睹的事实。哪怕是自己身边发生的怪诞事实,也希望能从媒体上找到某种貌似合理的解释。

这里用得上科学家的一个比喻。英国天文学家约翰·巴罗在《不可能性——科学的极限与极限的科学》一书中,讨论到"宇宙速度的极限"时说:"自然界中的信息传递速度有一个限制,这个事实导致各种各样的不同寻常的结果。"虽然这种限制使我们人类不得不长期生活于孤立状态,但是,这也并不是坏事。"如果光速不是有限的,则各种辐射都将在发出以后立即被同时接受到,不管它的源在多远。这个结果将会非常恐怖。我们将会被从各个地方来的信号所淹没……"[②]

[②] 〔英〕约翰·巴罗著,李新洲等译:《不论——科学的极限与极限的科学》,上海科学技术出版社2001年版,第35页。

这就是我们需要新闻机构和新闻工作者的深层原因。新闻工作者长期以来形成了一套严格的工作流程，使得信息的披露总是没有那么及时，也没有那么赤裸裸，就像阳光在到达地球表面之前，已经经过了地球大气的过滤一样，也没有那么灼人。

换言之，裸露的信息，犹如未经大气层过滤的阳光，对人有一种伤害。所以，人们常常惮于知道真相。就像徐阶所表现的那样，他不敢正视友人偷窃的事实，就是怕为其所伤。

在日常生活中，我们常常为了保护弱者而隐瞒真相，最典型的莫过于向罹患癌症的病人隐瞒病情，对暮年丧子的老人隐瞒死讯，等等，并不是任何信息都适合在第一时间送达。再次借用柴静书里的话，她说，"真相常流失于涕泪交加中"，所以，告诫自己"绝不能走到探寻真相的半山腰就号啕大哭"。确实，我们不能在探寻的途中号啕大哭，但是，我们也不能为追求真相而追求真相，更不能为追求真相而伤害更多的人。"真实自有万钧之力。"但是，真实的力量是难以驾驭的；如果一味"磨刀恨不利"，却不知"刀利伤人指"，新闻反而丧失了存在的根基。

在这个意义上，我们完全有必要对"看见"本身加以检讨。如果说"超越'柴静腔'也是一种抵达",那么,看见《看见》背后的隐忧,更是一种深刻的洞见。

（本文原发表于《解放日报》2013年4月7日。）

汉语的泼水狂欢

——1.9亿条短信中的语言玄机

看了发表在《文汇报》笔会上的《指尖上的汉语——1.9亿条短信中的语言灾难》（以下简称《灾难》）一文，引起一些联想，不吐不快。

作者郜元宝先生虽然也承认"语言中深藏着游戏的种子，游戏也为语言发展提供源源不断的能量。孩子们练习说话，不就整天玩弄文字游戏吗"？但是，作者又断言"此游戏不等于鲁迅所批评的'游戏'，不等于'玩弄'，不等于'滥用'，更不等于手机用户心不在焉地'转发'和'接收'——这些只可说是游戏的堕落形态"。

且不说作者的这些话对广大手机用户的感情是否构成伤害，也撇开新年互致良好祝愿的民族传统意味不说，春节期间的短信潮,即使到了泛滥的程度,也只不过是一种"语言的狂欢"而已——犹如语言的泼水节——众所周知,水是生命之源,水不仅是人类的生活必需品,水也是动植物生长的必备,但是,在我国傣族新年的泼水节上,水却是人们表达欢乐和祝福的媒介。在此期间,人们对认识的和不认识的朋友,一律以泼水来表示美好的问候和祝愿。是的,也许就像《灾难》一文评论手机短信中人与语言的关系时所描述的那样,在这里,"人和水在形式上无限靠近(手到擒来),实质上却无限疏离('水是生命之源'的定律已然失效),水最后变成与我无干的皮球,被大家踢来踢去。这其中除了无节制的水的消费与挥霍,谈何水的创造、优化与再生"?但是,你能因此就说这是一场"水的灾难",是"游戏的堕落"吗?显然不能。

生活中到处深藏着游戏的种子。城里孩子玩变形金刚和电脑游戏时,乡下孩子可以玩泥巴和捉迷藏;舞台上的滑稽演员也可以靠说些毫无实际意义的绕口令而博得满堂彩;在教授作家们舞文弄墨的文坛之下,也保不准冒出几个设计填字游戏的高手来,因为给一些"网民"或"手机用户"带来了乐趣而长期占据着报纸的一角……

回到语用学本身,语言历来都不仅仅是如郜元宝先生所理解的那样只能用来"进行自由、深入和创造性的交流,并在这样的交流中不断优化语言文字本身"。"繁忙的短信发送和接收",也不是"人类感情虚化的一个表征"。大约自语言诞生那天起,见面"寒暄"就成了人们之间打招呼的定式,朱自清先生还在《撩天儿》一文中引用《世说新语·品藻》里的一段话说明古人对"寒温(即寒暄)而已"的评价竟比"多说俗事(具体事务)"还要高。朱先生在文中说:"人们不论怎么忙,总得有休息,'闲谈'就是一种愉快的休息。""西方人很能认识闲谈的用处。18世纪的人说,说话是'互相传达情愫,彼此受用,彼此启发'的。19世纪的人说,'谈话的本来目的不是增进知识,是消遣'。20世纪的人说,'人的百分之九十九的谈话并不比苍蝇的哼哼更有意义些;可是他愿意哼哼,愿意证明他是个活人,不是个蜡人。谈话的目的,多半不是传达观念,而是要哼哼。'"朱先生在文章最后总结道:"就一般人看,闲谈这一件乐事其实是不可少的。"[①]按照《灾难》一文作者的观点,那是不是说人类自语言诞生那天起就开始了感情虚化的历史,而在朱自清先生生活的时代,"一般人"的感情也都虚化了呢?

[①] 朱自清著:《语文影及其他》,中国文联出版社1985年版,第11—19页。

语言文字不管曾经在表达心灵、承载文化等方面发挥着多么重要的作用——估计将来这种作用也不会消失——但是,它毕竟是由人所创造,离开了人类的活动规律,再也没有什么独立的语言文字的发展规律。那种固守某些臆想的所谓语言戒律,强迫日新月异的社会变化和人类生产生活实践削足适履的观念和行为,才会使汉语、汉字和汉文化的根基越来越脆弱,命运越来越不测,到不待烦言的程度。

(本文曾以《也谈1.9亿条短信中的语言玄机》为题发表于2004年2月18日《文汇报》,收入本书时略有校正。)

附：悬在指尖上的汉语——
1.9亿条短信中的语言灾难

郜元宝

语言文字表达心灵，承载文化，辨文野，判雅俗，别善恶，明治乱，功莫大焉，但其存在和发展染乎世情，系于天道，不能自主。政治挂帅，则意识形态话语无远弗届，语言系统于是彻底泛政治化；市场经济时代，世俗化、消费化和大众化迅速渗透言语书写每个细节；而在政治、经济、文化生产乃至日常工作和生活领域全面电子化的"E时代"，电脑、网络和手机这些主要的运用语言的工具，无疑将更加有力地制约语言文字的演化。

新年是手机短信大行其道之时。据1月22日《文汇报》报道，2004年春节上海一地互致问候的手机短信仅除夕夜就多达1.9亿条(!)。我不知道别人听到这个数字是什么感受,我的反应是——心痛,且头皮发紧。

约略估计一下,除夕那天,我大约收到三十余条短信,内容及形式与这些"佳作"相差不大,我收到一条删一条,一方面是手机信息储存容量所限,更重要的,是对如此铺天盖地的滥调的恐惧吧。看得出大部分短信,既不是发信人想出来的(有专门生产短信的仓库可以去取),也不知道同时发送到了多少人手机上。删过后留下两条,一条其中所说的事与话,我相信这是"一个人"写给我的,还有一条,仅简洁的"新年好"三个字,倒让我心里微微动了一下。

一些重要媒体从感情传递的角度赞赏"拇指体操",并对所谓"拇指经济"和"拇指文化"做出快速反应和积极评价,似乎对这场语言的灾难并无察觉。

语言曾经在根本上制约着人类文明,现在文明的一个主要领域即高科技电子技术反过来制约语言的发展了。这或许是文明史上的一个重要转折,祸兮福兮,尚难断言,但仅就手机短信能促进情感交流这点而言,恐怕还是一面之词,不可偏信。

手机短信的好处是快速有效地将信件传递给别人,人们完全可以借助手机短信像往常在书面信件和电话中一样进行自由、深入和创造性的交流,并在这样的交流中不断优化语言文字本身。但现在的大量手机短信并非如此。

首先,许多短信超出了交往的实际目的,变成无聊时的相互挠痒,彼此"转发"一些无厘头笑话和来历不明的段子以填充生活的空虚,而空虚的生活渐渐就倚赖这些廉价填充物了。在这种情况下,繁忙的短信发送和接收,不过是人类感情虚化的一个表征而已。你能在发给一个朋友的笑话中寄予怎样的情感呢?你的朋友又能从你发给他的段子中获得怎样的情感暗示?答案也许相当不妙。但更加不妙的是,短信的发送和接收者们自己的意识里并不存在这样的问题,他们之所以一有空就关心短信,仅仅出于一种习惯性的需要和心理倚赖罢了。

其次,即使祝福性的春节贺词,往往也是不知道从哪儿"抄"来的现成货,瞬间"转发"给一大班朋友。相互致意的话,可以由专门写手大量制作,"现货"供应,只要花一点小钱就可以"下载"和购买,并可以按"搞笑"类、"问候"类、"致敬"类、"求偶"类、"骚扰"类——存储起来,到时一摁按键,就可以发给适当的对象了。作为"现成在手边"的"现货"的语言资源被手机用户如此集体共享,或许就是"后现代"所谓"去中心"、"无深度"和"填平鸿沟"吧?人和语言在形式上无限靠近(手到擒来),实质上却无限疏离("言为心声"的定律已然失效),语言文字最后变成与我无干的皮球,被大家踢来踢去。这其中除了无节制的文字消费与挥霍,何谈语言的创造、优化与再生?

鲁迅说中国不仅是"文字国",更是"最不看重文字的'文字游戏国',一切总爱玩些实际以上的花样,把字和词的界说,闹得一团糟——"他批评的是那些认认真真玩弄文字游戏的政客的吹法螺和文人的做戏,我认为手机短信似乎进了一步,不仅是"文字游戏",而且是心不在焉地贩卖、购买和"转发"过剩的文字游戏。网络通信技术提供的方便让人们在玩弄文字游戏时无需过去的游戏者们那种认真劲了,这似乎是游戏的繁荣,其实倒是游戏的末路,而走向末路的游戏使得语言文字的真实所指彻底消失。人生好像终于要被无意义的文字游戏和对文字游戏心不在焉的购买与观赏所淹没。

语言中深藏着游戏的种子,游戏也为语言发展提供源源不断的能量。孩子们练习说话,不就整天玩弄文字游戏吗?但是,此游戏不等于鲁迅所批评的"游戏",不等于"玩弄",不等于"滥用",更不等于手机用户心不在焉地"转发"和"接收"——这些只可说是游戏的堕落形态。

计算机投入运用之初,许多人担心汉字和汉语能否跨过这道门槛进入高科技的21世纪。随着汉字输入法的发明和日趋精良,这种担忧已经不存在了,但"E时代"的汉字和汉语又遇到了新问题:从今往后,日益增多的电脑用户、"网民"和手机短信的收发者们,无论思考、写作、通信、娱乐和交谈,都将很快习惯于依靠电脑、手机和网络,也就是说,他们将主要通过手指和键盘而不是通过心灵、大脑、口舌、笔墨书写和面对面的交谈来接触汉字与汉语,汉语、汉字和汉文化将越来越"悬"在离开心脑一臂之遥的指尖上,其根基之脆弱,命运之不测,自不待烦言。

(本文原载《文汇报》2004年2月5日。)

下篇

全媒体记者：想象与现实
——与何镇飚、张涛甫的对话

夏德元：不久前，因为话题讨论的需要，本人以"全媒体记者"为关键词上网搜索，最先映入眼帘的，竟是由权威媒体发布的几篇近乎八卦的新闻：诸如《"全媒体记者"某某某被批捕》、《"全媒体记者"落网警示录》等，不一而足。我的第一感觉是，作为对全媒体时代全方位全时段全媒体传播需要的回应，由学者专家所"想象"的一个概念，"全媒体记者"有被污名化的危险。这，也许正是处在信息传播大变局和社会转型焦虑中的传统媒体及其从业者的真实境遇吧！不知两位教授怎么看这种现象。

何镇飚：在西方新闻传播学的研究中，并无直接对应"全媒体记者"的概念。根据上海大学姚君喜和刘春娟的研究，2006年发布的《国家"十一五"时期文化发展规划纲要》和2007年11月发布的《新闻出版业"十一五"发展规划》两部文件中，就已经包含了"全媒体资源服务平台""全媒体经营管理技术职称平台""全媒体应用整合平台"等建设项目。"这应该是'全媒体'概念作为媒介发展方向在我国首次以官方文件的形式正式提出。"中国人民大学教授彭兰在《媒介融合方向下的四个关键变革》指出："全媒体是一种业务运作的整体模式与策略，即运用所有媒体手段和平台来构建大的报道体系。全媒体是在多平台上进行多落点、多形态的传播。报纸、广播、电视与网络使这个报道体系的共同组成部分。"[①]这个定义完全符合国内对全媒体的展望与期待。虽然在西方并无"全媒体"名词，但网络新媒体的出现却是全球化不可阻挡的潮流。国内学界和业界之所以要对"全媒体"进行狂欢式的欢呼，其核心还是对传播媒体之外的新媒体的期待，甚至于出现"一个媒体，多个终端""全覆盖"式的互联网想象，从而诞生了具有中国特色的"全媒体"的概念。

张涛甫：我认为，全媒体记者这个职业概念是被新媒

---

① 彭兰：《媒介融合方向下的四个关键变革》，《新闻导刊》2009年第2期。

体倒逼出来的。新媒体有一重要的功能特征就是兼具文字媒介、音频媒介、视频媒介的功能，具有典型的跨媒体特征。在新媒体平台上，此前各种楚河汉界一般边界分明的媒介鸿沟被填平了，形成了媒介融合的趋势。新媒介的四面开花，迅速改写了原先由传统媒体"诸侯割据"的传媒格局，深刻改变了新闻生产方式，对新闻从业者的新闻理念和思维观念形成了空前的冲击。

"狼来了！"新媒体从四面八方围堵上来，将传统媒体圈成一个个资讯"孤岛"，在这种严峻的情势下，传统媒体慌不择路，他们纷纷起来自救。既然新媒体的资讯是融合的，传统媒体只得逆水行舟，玩起全媒体"新概念"，搭建平台，操练人马，全方位地融入新媒体。于是我们就看到了这样一幕忙碌且充满喜感的情景："全媒体记者"肩上扛着摄像机、胸前挂着照相机、口袋里装着手机、背包里是无线上网本、手上拿着录音笔……这就是所谓的"全媒体记者"工作形象。

夏德元： 如此说来，全媒体记者是否可行呢？

何镇飚： 走媒介融合道路的全媒体记者不仅可行，而且必须。但首先，记者和媒体都应该正确了解、谨慎使用"全媒体"一词。为打破现有的广电、报业、电信媒体各自为政的局面，全媒体在资本市场找到了机遇。通过资本运作，实现资产重组，形成跨媒体、跨部门的大股东组合与经营平台，真正打破传统媒体的运作桎梏，实现"全"媒体的媒介融合与数字化改造。随着"全媒体营销"理念的提出，全媒体的数据库优势将得到市场化体现。通过与受众共享信息，满足受众的市场需求，广电传媒的全媒体转型，可以形成对自身品牌的传播与普及，运用全媒体手段，改变原有的传统媒体行政事业思维模式，创建全新的全媒体市场开拓与盈利模式。但是，全媒体记者也面临如下困境：首先是关于技术与学科，让一位文字记者学习摄影摄像以及新媒体使用，并不是容易和轻松的工作；其次是关于薪资，根据我的了解，全媒体记者的工作任务增加了，压力也随之增加，但薪酬却几乎没有增加，这对于从传统媒体记者转型为全媒体记者是一种对积极性的打压。最后是对受众多元化的准备不足，新媒体的特征之一是互动性，对于传统大众传播是革命性的改革，而全媒体记者对此并没有做好足够充分的准备，以微博上的记者为例，对于受众的了解，并不像他们自己想象的那么充分。

张涛甫：我认为，"全媒体记者"可以有，但不能一哄而上，搞一刀切。在新媒体时代，需要有全媒体记者，不过，不能片面理解"全媒体记者"，尤其是传统媒体，在危机面前，需要清醒，融入新媒体是应该的，但不能以牺牲自己长项为代价,去追赶新媒体,结果把优势也丢掉了。我们所需要的"全媒体记者",不是"全科医生"意义上的一线记者,"全科医生"要求内科、外科、儿科、妇科等方面的知识和技能都懂一些,但不专不精,这种万金油式的职业状态,只能以牺牲新闻的专业性为代价。同理可证,片面强调"全媒体记者",恐怕有"拉低"媒体从业者的专业能力之虞。在如今人人都可以做记者的"媒介化社会"里,普通民众从事信息生产和传播的机会和技能大大提升,致使公众与职业新闻从业者的信息鸿沟越来越小,在这种情况下,亟需专业化和整合化的信息,这对媒介从业者的专业要求更高了。记者不是超人,他们不可能十八般武艺样样精通。更何况,在我国媒体从业者职业水准整体不高的情况下,盲目追求"全媒体记者",只会让我们本就不高的媒体专业水准跌落下去。

夏德元:张教授的意见比较尖锐,那么依您看,到底应该怎样理解全媒体记者这个与传统记者相对立的概念或新生事物呢?

张涛甫:我认为,"全媒体记者"应该作如是解:

其一,不能一刀切要求所有的记者成为"全媒体记者"。"全媒体记者"应该是一个兵种,不能要求所有的记者、编辑一刀切地做"全媒体记者"。媒体的竞争毕竟还要靠专业能力，要求记者、编辑的能力面面俱到，一定会稀释专业浓度。

其二，"全媒体记者"与其说强调记者的实际能力，比如说强调新闻采编人员的思维方式和"全流程"理念。全媒体记者并非全才记者，不需样样精通，但需要具备专长，并知晓自身之外各种媒介的运作流程和规范。即是说，全媒体记者"全知"但不一定"全能"。他们不需同时占据多个"坑位"，但需要有全流程意识，就像跑接力赛，每一棒都得有全程意识一样。

其三，与其要求记者全能，不如要求编辑全能。全媒体时代不应该要求记者"十项全能"，而应该要求编辑具有超强的资讯整合和复合加工能力，编辑部应扮演"中央厨房"角色，它可以成为整个信息加工和传输的枢纽，通过它的中央调度功能，让各种类型的记者从四面八方提供"食材"，让"中央厨房"做出"满汉全席"来。所以，我认为，没必要让记者们在"全能"上死磕，而应换一种思维，把功夫用在编辑环节上，从这个角度看，我认为"全媒体编辑"恐怕才是最要紧的。

何镇飚：其实，全媒体记者在西方有其特殊的时代背景。美国和西方的媒介融合有一个重要的产业背景，就是反托拉斯，大众传媒不能被控制在少数几个集团手中，因此各国法律都对同一集团所拥有的不同种类的媒介所有权，进行了规定。西方的传媒集团为了规避相关的风险，扩大自身影响力，产生了媒介融合的潮流，试图通过对无规定的互联网媒体的拥有，以及自身传统媒体的网络化进程，来规避反托拉斯的相关法律条文。但是在我国，并没有这样的产权需求，全媒体记者变成了传统媒体做大做强背景下的产物。刚刚张教授从全媒体记者讲到"全媒体编辑"，作为对数字时代编辑素质有过深入研究的资深编审，不知德元兄在这方面有何思考？

夏德元：全媒体编辑虽然是个好的话题，但是我倒认为，编辑和记者的界限越来越模糊，可能恰恰是全媒体传播时代的特征之一。全媒体传播时代，对应的是自媒体传播时代。在自媒体时代，千千万万普通公民因为具备随时发布信息的便利和相应的技术，而成为名副其实的"电子媒介人"；真的很难说一位用智能手机发布信息的电子媒介人到底充当的是记者还是编辑的角色，因此只能用媒介人名之。同样的，与电子媒介人同处于一个信息传播时空并且被迫与其争夺注意力资源的传统媒体机构的工作人员，如果要胜任其全媒体传播的职能的话，也很难说他要充当的一定是记者还是编辑——恐怕多数情况下，他必须是记者兼编辑了。

无论怎么样,传统媒体记者(编辑)要向全媒体记者(编辑)转型,至少要迈过四道坎儿。

何镇飚: 愿闻其详。

夏德元: 首先,全媒体记者(编辑)要有新闻聚合的头脑,适合各媒体的特点,发挥不同载体的不同组合产生的效应。用眼,即做全媒体记者(编辑)要充分利用网络、手机等互动传播的"新闻眼",挖掘受众的新闻资源,善于与受众互动。用手,即全媒体记者要会文章、能拍摄、擅互动,熟练进行电脑、手机制作发布。当转型全媒体记者(编辑)之后,则要学会用画面语言叙事。不仅要掌握视频拍摄和剪辑的技术,还要掌握一些电视新闻的传播规律和叙事技巧。如果记者(编辑)在现场拍摄时就想好了如何用镜头语言去表达这条新闻,那么在现场的拍摄段落就会目标明确,后期剪辑也会思路清晰。作为全媒体记者(编辑),在现场需要灵活转换文字和视频两种思维方式。

其次,全媒体记者(编辑)需掌握娴熟的多媒体技术。其中,视频技术就是一门学问。很多文字记者对文字有感觉,但对视频、镜头的推拉摇移、电视剪辑等没有太多的训练。文字记者要向全媒体记者转型,首先就要有从零开始的学习劲儿和勇气。文字记者在掌握了基础的视频技术之后,对如何运用镜头语言要有所钻研,包括如何构图,如何抓镜头,如何设定镜头起点和落点,两个镜头之间的过渡怎样符合视觉习惯又符合新闻因果逻辑关系等。报道节奏、同期声以及话外音的运用也都有讲究。为适应网络传播,记者还应学会制作DV、动画等。掌握了这些采访技能,才算初步实现了向全媒体记者(编辑)身份的转变。

第三,全媒体记者(编辑)需跨越沟通障碍。纸媒记者拿纸笔,采访对象往往打开话匣子容易些。在日常报道中,采访者和受访者可以预演,事后还可以整理,交流过程中也可穿插停顿、解释等环节,但是精彩的画面无法重演。全媒体记者在单兵作战的状态下,就需要花更多时间和被采访人沟通、预热,以取得对方的信任。而在突发事件的新闻现场,在镜头前,流利的语言表达,也是过去的文字记者必须操练的一项新的基本功。

第四,全媒体记者(编辑)要具备超人般的体能。做到了以上三点,还不一定能胜任全媒体报道的重任。因为我们永远不知道,何时会有精彩的新闻出现。这就意味着,全媒体记者的装备要随时可用。小型DV、相机必须随身携带。这无疑是对记者体能的严峻考验。

很显然,至少到目前为止,符合这种美好想象的"全媒体记者(编辑)"还未成长起来。

张涛甫:那么,姑且按照你的说法,在现实生活中,所谓全媒体记者兼编辑,岂不是离理想状态还十分遥远?

夏德元:根据百度百科的解释,"全媒体记者是指具备突破传统媒体界限的思维与能力,并适应融合媒体岗位的流通与互动,集采、写、摄、录、编、网络技能运用及现代设备操作等多种能力于一身的人才"。这样的定位,对全媒体记者的思维方式、心理素质、技术能力乃至体能都提出了更高的近乎"铁人五项"的要求。但是,在现实生活中,我们似乎还找不到这样的全才。

何镇飚:回看德元兄开头所说的现象,我发觉这里面似乎有什么不对劲。

夏德元:是啊。事情往往就是如此具有讽刺意味,当冷冰冰的现实无法满足人们的超前消费热情时,往往就会有"冒牌货"来夺取人们的眼球、骗取社会的资源、空耗语言的库存、污损行业的名声,乃至消磨整个社会肌体的创造热情。这不能不引起我们的警惕和深思。

(本文原载《传媒评论》2014年第1期,收入本书时略有补正。)

传统媒体数字化转型的困境与出路
——与张涛甫、徐佳的对话

夏德元： 因为参与一个有关传统出版数字化转型对策的课题组的缘故，我最近浏览了近几年来我国传播学界和传媒业界关于传统媒体数字化转型的大量文献。读了这些文献后，我本人感到十分忧虑。我甚至觉得，我们的许多学者、业界大佬，似乎还沉醉在传统媒体的辉煌昨天，做着好日子远没到头的迷梦。比如，沪上某著名出版人曾经撰文，明言"传统出版：不要太过悲观"："肩负着推动人类向更高级进化、推进人类文明传承与进步重任的传统出版，请不要太过悲观。在数字出版的大举进攻下，只要保持准确的定位和鲜明的特色，发挥优势，扬长避短，传统出版将长期存在，它的未来依然有无限可能。"①

任职于中国出版集团的另一位资深出版人则根据这几年出版行业经营业绩的统计数据,认为传统出版虽有问题,但是似乎与数字出版的冲击无关,并得出结论说:"第一,目前将传统出版一概喻之为'夕阳'还为时尚早;第二,将现阶段传统出版发展中遇到的问题归之为数字出版冲击的结果既为时尚早也缺乏事实依据;第三,中国现阶段传统出版和数字出版之现状更像两股道上跑的车,可交集处实在不多,再极端点说,'夕阳'也罢,'朝阳'也好,这两个'日头'似乎还不在同一个星球甚至不在同一个宇宙,连正常的对话都找不到共同逻辑,更遑论谁代替谁的问题了。"②这些论述代表了相当一批传统媒体从业者的情感投射与思想观念。作为媒体转型研究的专家,不知两位怎么看?

张涛甫:你引用的两位似乎都是图书出版界的代表,据我所知,从更大范围看,唱衰传统媒体的声音已绕梁多时,无论是局内人还是局外人,都很悲观。这种悲观是有

---

① 朱杰人:《传统出版:不要太过悲观》,《博览群书》2013年第10期。
② 潘凯雄:《"夕阳"与"朝阳"——当传统出版遭遇数字出版》,《文汇报》2014年1月8日。

理由的。我这里有一组数据：2011年和2012年，美国报业整体广告收入持续以7%左右的降幅继续下滑，直至跌到1950年以前的水平。1951年，美国报业广告收入是195亿美元；到了2011年，美国报业纸质版广告收入是207亿美元，网络版的广告收入只有19亿美元，合计226亿美元，创下了60年以来的最低点。据《纽约时报》公司公布的财报显示，过去一个财年第四季度中的净利指标有63%的大幅下降。无独有偶，2月7日，传媒大亨默多克操纵的新闻集团发布了第二财季财报：在截至2013年12月31日的第二财季，新闻集团收入22.4亿美元，净利润1.5亿美元。同步发生的是，传统媒体从业者出现断崖式的锐减，美国新闻业从业人员10年减少了40%。再看中国的传统媒体行情，据中国广告协会报刊分会、央视市场研究媒介智讯发布的《2013年度中国报纸广告市场分析报告》显示，2013年报纸广告刊登额下降8.1%，降幅超过了2012年的7.5%，这表明报纸广告的衰退在进一步加剧。2014年元旦上海《新闻晚报》停刊，被视为传统媒体行业发展的一个里程碑式的事件，引起惊鸿一片。曾经被我们称之为"朝阳产业"的传统媒体行业，如今境遇惨淡，甚至有人说，传统媒体进入了"冰河期"。

徐 佳：确实如此。与传统媒体的衰落形成对照的，是像《赫芬顿邮报》这样全新的网络媒体。自2005年创办以来,美国博客新闻网站《赫芬顿邮报》一直是一个热门话题——从打出"第一份互联网报纸"的口号开始,到先后被美国《时代》杂志和英国《卫报》评选为"最好""最有权威"的博客第一名,再到2011年以3.15亿美元被美国在线(AOL)收购、2012年获得著名的传统新闻奖项普利策奖,《赫芬顿邮报》身上几乎浓缩了一个WEB2.0新闻网站的全部可能性,因而其命运尽管饱受争议却也备受关注。《赫芬顿邮报》不仅在美国本土取得了空前的成功,而且很快启动了国际化战略。2013年5月,《赫芬顿邮报》与日本朝日新闻社合作的《赫芬顿邮报日本版》正式上线。这是《赫芬顿邮报》首次向亚洲市场的进军,也是其在美国本土以外开拓的继加拿大、英国、法国、西班牙和意大利之后的第六个海外市场。此外,赫芬顿计划于2013年下半年开办德国版和巴西版,之后进军韩国、印度和俄罗斯,甚至曾有消息称《赫芬顿邮报》已着手与中国媒体就合作开办中国版事宜进行接触。这一系列大胆乃至有些激进的国际化举措在新闻史上鲜有先例,即便在互联网的历史上也仅有雅虎等少数几家网站的国际化速度、广度与深度能与之相比。

夏德元:我知道徐老师对《赫芬顿邮报》有过专门的

研究,能否介绍一下您的研究成果?《赫芬顿邮报》对传统媒体的数字化转型有何启示意义?

徐　佳:《赫芬顿邮报》的成功始于拿来主义的"新闻聚合"。在创办的最初四年(2005—2009)间,《赫芬顿邮报》上的原创性内容比例较小,甚至可以说几乎唯一的原创内容是那些依赖于赫芬顿本人在美国政界和娱乐界的广泛人脉得到的名人故事,其余的大部分内容则是以"新闻聚合"的方式生产出来的。有研究者将《赫芬顿邮报》内容生产的基本流程总结为:编辑们首先从网上寻找原创且最好是免费的新闻内容,因而通常这些内容来自专业新闻媒体;然后将新闻的故事主题与网民爱看的内容做流量匹配分析;接着按照15%～30%的"合理比例"对新闻进行改写,这种改写是经过精心设计的,其目标是使得网民无须主动浏览原创网站就能获取相关新闻的足够信息,因此即便赫芬顿提供原创新闻的网址链接,事实上也很少有网民点击这些链接,这样一来网民的访问量就被固定在了赫芬顿的网站上。这个新闻聚合的流程取得了巨大的市场成功,《赫芬顿邮报》迅速成为了许多美国人获取新闻的来源、甚至是部分美国年轻人获取新闻的唯一来源,因而,一些美国记者及需要发布原创内容的公关人士甚至主动将稿件内容提供给赫芬顿的编辑,要求其重新包装并放置到首页上。但是很快,《赫芬顿邮报》的这种"新闻聚合"方式受到传统媒体的强烈指责。《纽约时报》认为赫芬顿窃取了原本可能属于稿件原创者的收益并谴责这种盗版行为竟成为传媒行业的一种备受推崇的商业模式。默多克更是称其为"寄生虫""剽窃者"和"吸血鬼",并将新闻集团开通付费网站所面临的重重艰辛部分归咎于市场上以赫芬顿为首的"寄生虫"们。还有人质疑《赫芬顿邮报》这种缺乏原创内容的"数字化沙堡"究竟能存活多久。因为饱受传统新闻业的诟病,2009年3月,赫芬顿决定投入175万美元用于建设网站的调查性新闻报道且从一开始便确定了其报道对象是"我们这个时代的最重大事件"。同年,赫芬顿开始改造其人员结构,雇佣了梅林达·汉尼伯格等美国著名记者,2011年获美国在线注资时又恰逢美国媒体新闻职位大幅削减,《赫芬顿邮报》借机大量吸引了来自《纽约时报》《今日美国》、《福布斯》等传统新闻媒体的记者加盟。这样一来,在短短的两年时间内赫芬顿便建成了一支约500人的全职记者团队。即便如此,在现代新闻业发展成熟的美国市场,就新闻内容的原创能力看来,《赫芬顿邮报》仍然远远无法与《纽约时报》《华尔街日报》等传统的新闻媒体相竞争,因内容使用问题与诸多美国老牌媒体的交恶又使得赫芬顿失去了寻求与其合作的可能性。有鉴于此，拓展国际市场成了《赫芬顿邮报》追求在美国本土无法实现的新闻性以及作为一个媒体的话语权乃至权威性的必然路径。这就出现了在世界新闻界引起震动的《赫芬顿邮报》咄咄逼人的国际扩张的一幕。

夏德元：看来，从某种意义上，新媒体似乎真的是在吸足了传统媒体的精髓后，再开始新一轮野蛮生长的。张教授，依您看，传统媒体在信息化浪潮来袭之时，到底有哪些应对失当之处？有什么经验和教训值得记取呢？

张涛甫：社会上普遍的共识认为，传统媒体的困境皆是新媒体惹的祸。在新媒体席卷新闻传播领域之前，传统媒体的主场地位是不可动摇的，而且，传统媒体找到了生产方式、传播方式以及市场营销方式的有效结合点，即通过广告售卖，打通了生产与消费的通道。传媒组织通过专业化的生产，产生被市场接纳的内容产品，再通过广告获得市场回报。广告就成了媒体组织与市场需求对接的中介。当然，传媒组织也可通过媒介产品的销售，获得部分收益，比如，报纸、杂志或电视，可以通过出售内容产品或其他服务，获得市场回报。但这都不是传统媒体主要的赢利模式。传统媒体主要还是依靠广告获得主体性的市场回报。但是，传统媒体这种依靠广告赢利的模式却是一把双刃剑：当有新的竞争对手将这种把内容生产与广告获利捆绑在一起的生产经营模式切割开来，危机就出现了。新媒体的出现造成传统媒体在内容生产的垄断地位被颠覆。更重要的是，传统媒体寄生于广告的营销模式被新媒体釜底抽薪地打破了。如果说有什么教训，我认为，传统媒体在灾难降临之初过于迟钝，甚至沾沾自喜；一旦大难临头，则各奔前程，结果是，被新媒体各个击破。虽然在这种危机情势下，传统媒体纷纷展开了泰坦尼克式的自救。这种遍地开花式的突围，场面虽十分悲壮。但究竟能走多远？胜算有多大的把握？从目前来看，恐怕很难料定。

夏德元：是啊，可怕之处正在于，就如温水煮青蛙一般，新媒体并未在兴起之初就引起传统媒体的警觉，而当传统媒体真切地感受到威胁之时，似乎再也没有力气蹦出沸腾的开水锅了。这样想来，还真的不能乐观。那么，对于众多已经开始醒悟的传统媒体来说，在强大的新对手面前，是否还有应对之策呢？

张涛甫：有一点是可以肯定的，传统媒体如果按兵不动，绝对没有出路。但避难式的四处出逃，劳民伤财，反而会大伤元气。传统媒体数字化转型应该到了反思的时候了。虽然不能明确知道传统媒体的数字化转型的目标在何处，但有一点是必须清楚的，那就是传统媒体须在传播生态发生根本性改变的情况下，找到自身与市场相匹配的生产经营模式。盲目强调"渠道为王",对"内容为王"的矫枉过正,也是存在风险的。此前,在传统媒体垄断了内容和渠道的"流金岁月",传统媒体没有意识到渠道的重要性。后来,新媒体恰恰利用技术优势,从传统媒体的薄弱环节即渠道打开缺口,将传统媒体的围城攻破。如今,传统媒体一边倒奔向新媒体,冲着渠道而去,进而丢掉自己的优势大本营,这可能是一个错误的逃难方向。有一个案例,值得正在奔向数字化转型路上的传统媒体深长思之:在湖南有一家《快乐老人报》,发行量110万份,名列全国邮发报纸期发量第五名(前四名分别是《参考消息》《人民日报》《新华每日电讯》《环球时报》),而增量、增幅两项指标在中国邮政百种畅销报刊中连续两年蝉联全国首位。更令人惊奇的是,这家创刊于2009年的"夕阳红"媒体,成为百万大报仅仅用了三年零三个月。这在哀鸿遍野的传统媒体行业应该是一个绝好的励志神话。这个现实版的神话,给同行的启示是,任何媒体都是为了满足受众需求而存在的。如果不能精准地把握到所服务的受众,同时也不能提供匹配、有效的服务,或者说,这种服务不具有不可替代性,也就是说,媒体不能有效满足受众的消费偏好,就难以经得起市场选择。在今天受众市场被新媒体蚕食得千疮百孔的情况下,传统媒体不可能有一个放之四海而皆准的制胜模式了。我们四处所见的是,各个媒体展开的单飞式自救。这种选择的出发点是对的,就是固守旧的生产方式和传播方式显然不灵了,但新媒体不是"诺亚方舟"。关键的问题是,传统媒体在市场上能找"对"人,此外还要找"对"合适的模式,借此在媒体和"人"之间建立有效的关联。从这个角度看,传统媒体的数字化转型,还在慌乱中找路,兵荒马乱中,谁能真正突围,关键看能不能找准人、找准路。一旦找准了人和路,至于消费者的回报是以广告的形式还是以其他形式,这可能都不是最重要的。

夏德元:我也注意到,像《快乐老人报》这样的传统媒体在新媒体时代的逆袭,并不是个案。比如广播电台早就借助小汽车这一"巨型移动终端"获得了新生。在移动互联网日益兴盛的今天,每天都在上演着新媒体带来颠覆性变革的活剧。真不知道还会发生什么。

徐 佳:依我看,在日新月异的技术变革推动下,媒介有一个向媒体转变的过程。以互联网为基础的信息传播技术的推陈出新为人类带来了种种新的媒介,其中WEB2.0就是一个以用户自创内容为特征的新媒介群,博客与微博、基于地理位置的服务(LBS)、视频与照片分享、维基等WEB2.0媒介正在改变我们的生活。但纵观媒介发展的历史，是"新闻"二字赋予媒介以特殊性——正因为承载了新闻内容，纸张变成了报纸，也正是由于以新闻为主诉，一些WEB2.0网站（与其他同类网站不同）在完成了基础的、哪怕是惊人的发展之后需要实现从媒介到媒体的转变。在WEB2.0时代从媒介到媒体的转变意味着一系列质的变化，是从收集改编并发布内容及单纯为公民提供内容发布平台等行为转向"在多元主体创制互动内容的基础上履行报道事实、引导舆论、影响环境、记录历史等新闻职责"，这或许也构成对"WEB2.0新闻"的定义。

夏德元：能否这样理解，在新技术的冲击下，传统媒体正在失去其固有的媒体属性；与此同时，那些不断崛起的新媒介则渐次被赋予了媒体的属性。在新闻传播领域，正在发生或即将发生"腾笼换鸟"式的变革。换言之，或许传统媒体正在丧失向数字化转型的余地，所谓媒体的数字化转型，只不过是这个转型社会的总体景观，却未必与每一家传统媒体机构有关。等待它们的，也许只有衰亡。

张涛甫：若如果真如此，那一定是我们大家都不愿意看到的。

（本文原载《传媒评论》2014年第3期，收入本书时略有补正。）

专家型记者：新机遇与新挑战
——与白红义、张燕的对话

夏德元：最近一段时间，因为在给国人带来巨大伤痛的某个全球瞩目的航空灾难报道中的欠佳表现，整个中国新闻界的专业水准都受到了严重质疑。有人就此呼吁，中国新闻从业者的专业素养亟待提高，乃至"专家型记者"的老话题又摆在了各种讨论的新桌面。不知两位怎么看？

白红义：前不久，在北京参加一个有关食品安全报道与传播的座谈会，不少与会者提到了当下科学新闻的不足，比较突出的是记者不够专业、缺乏科学素养的问题。比如，很多科学家就经常抱怨记者曲解了自己的意思。我以前做记者的时候也曾经写过两三篇科学新闻，但老实说，作为一个文科出身的记者，我确实很难理解科学家们的各种专业术语。我知道的几位在科学报道领域小有名气的记者,多数学习的是理工科专业,并在一定的领域钻研多年。

张　燕：专家型记者,确实不是一个新概念。芝加哥学派的代表学者帕克曾经认为,"一个社会学家只不过是一个更准确、更负责和更科学的记者"。帕克从事报业的经历极大地帮助了他后来对于这座城市所作的社会学调查。在帕克的经历中,我们可以看到记者与专家之间的天然联系,尤其在社会学的领域,社会学家关注的问题与报社记者关注的问题直接相关,记者的工作便是获取这些问题的第一手知识。虽然帕克没有进一步指出记者与专家之间的差别,我们却能从帕克由报社记者向社会学家的转变经历中发现这一差别：资料搜集的系统性和研究方法的科学性。因而,作为一个专家型记者,首先需要具备记者的新闻敏感；其次需要掌握专家的工作语言与分析工具,进而发表既具有新闻价值又具有学术价值的报道文章。这是专家型记者的基本要求,新的时代背景又不断地为这个概念充实新的内涵。

夏德元：张老师的意思是不是说,"专家型记者"虽然是个老话题,但是在新的形势下遇到了新的挑战,所以必须有新的解读？

张　燕：是这样。"专家型记者"的新内涵首先来自于新传播技术的挑战。互联网技术，尤其是移动互联技术的突飞猛进，改变了人们的信息接受方式和接受情境，第一时间的、碎片化的信息占据了人们的视野。这种改变深刻影响着传统的新闻生产惯例，传统的集中发布式的新闻生产受到巨大挑战。以互联网技术为根基的自媒体空前繁荣，长尾理论下草根智慧来势汹汹，一度自负的认为中心化的传统传播方式将成为历史。

然而，当泥沙俱下、真假难辨的信息碎片铺天盖地的时候，当解构权威的反叛乐趣慢慢丧失热度的时候，人们开始怀念中心化的好处。的确，过度去中心化，带来的是焦虑和迷失，就如同迷失在信息海洋的船只迫切需要导航，需要回归航行轨道的安全感和归属感一样。这便是传统媒体在信息爆炸时代的价值回归，权威性、系统性、有序性成为传统媒体重新被受众需要和选择的价值旗帜。

夏德元：我知道白老师对深度报道有深入系统的研究，依您看，在新的时代，怎样的记者才能算是专家型的记者呢？

白红义：我理解的专家型记者差不多应该是这样：最好的情况是记者在某个报道领域深耕多年，已足以发表专业意见，并能得到专业人士的认可。当然，不是说能在某个领域发表专业意见的记者才叫专家型记者,还有大量的专家型记者未必需要那么专业的知识,只需在新闻素养之外具有一定的专业素养,能够准确把握报道领域的现状、问题、趋势,等等。简单地说,就是你拥有的专业知识足以令你准确把握选题,知道如何寻找权威的消息来源,写出来的稿子不被人说是外行。

夏德元:张老师似乎有话要说?

张　燕:我以为还不止于此。在全民皆记者的时代,要体现权威性、系统性和有序性,要在信息碎片中零星闪现的草根智慧中脱颖而出,对记者的专业素养和知识积累提出了前所未有的新要求;专家型记者也因此超越了记者的个人修养问题,转变为关乎传统媒体生死存亡的关键性议题。同时,在这个自媒体铺天盖地的新时代,专家型记者被赋予了舆论引导者的新内涵,专家型记者除了要具备深厚专业知识、掌握科学分析研究工具,对某一个问题的看法如同专家一般深刻独到,还应该更多地具备亲和力、吸引力与影响力,成为全媒体传播时代的舆论领袖。

夏德元:张老师将"专家型记者"的造就提到了一个全新的高度,确实值得我们深思。其实,社会对专家型记者的呼唤,除了信息泛滥的技术原因,一定还有其深刻的社会背景。

张　燕：正是如此。"专家型记者"之所以必需，还有一个不容回避的时代背景是风险社会。现代社会中，德国社会学家乌尔里希·贝克所提出的"风险社会"的特征日益明显，社会公众对风险加以越来越多的关注，"风险"从单纯的科学技术领域迈向了整个社会系统，这对国家和社会的风险管理能力提出了新的要求，而"风险沟通的成败，决定着能否制定出有效的风险决策，对风险管理和风险预警也有着重要的意义"。大众传媒在信息获取、信息处理和信息传播方面的传统优势，使其成为全社会风险沟通的重要场所。

科学技术的发展、经济全球化的趋势使得现代社会的风险具有非常强的专业性，普通大众面对这些落在其文化版图之外的风险信息，显得有些茫然，专家学者们发布的风险研究报告无法满足他们风险认知的急切需求，这个时候传媒的中介价值就集中凸显出来。传媒需要将这些艰涩的科学术语转换成广大受众看得懂、接受得了的道理，这无疑对记者的专业素养和知识素养提出了更高的要求。接二连三的 PX 项目事件，让我们看到了在风险认知层面上科学理性逻辑和公众逻辑之间的差异。科学理性的风险认知和判断是建立在利弊的综合权衡和风险防范的科学评估之上，而公众的风险认知和判断则更多的是遵循简单的安全至上的零风险原则,因而在 PX 这样的风险问题上,双方就发生了分歧,而调和分歧的方法只能是有效的沟通。试想,如果传媒能够有效地发挥中介价值,一开始就正确处理和传递风险信息,用更加开放的方式发挥对话平台的协调作用,事情似乎不会演变到如此棘手的地步。

夏德元:新闻记者要全面反映社会生活,新闻题材涉及社会生活的方方面面;而过去长期以来我们在重大新闻事件发生时临时抱佛脚地拉上一些所谓的专家坐堂的做法,已经越来越无法满足受众的需求了。针对这种现状,白老师有何建议?

白红义:实践证明,新闻史上从来不乏专家型记者的成功典型。即便是在今天这样一个浮躁的年代,中国新闻界也有一些佼佼者担负起了专业报道的重任。当然,不同的报道领域对专家型记者的需求程度不太一样,比如科学新闻、财经新闻等,这些领域的专业性相对较高,若有足够的专业知识对记者从事报道会非常有利。我最近看了一些研究转基因报道的论文,科学编辑或记者很少是"反转派",可能跟他们习惯于使用科学框架看待问题有关。这就衍生出一个问题,什么样的记者能够成为专家型记者。首先,具有一定的专业背景自然最好不过。我认识的不少财经记者朋友,原来就是学习的经济类专业,甚至在具体的业务部门内从事过相关实务工作。这也是为什么很多媒体越来越偏好从非新闻传播类专业招聘记者的原因了，对他们来说，文字功夫容易提高，专业知识的积累相对难一些。其次，并不是新闻传播类专业出身的记者就无法成为专家型记者。只要他对报道领域有足够的兴趣，并且肯下功夫去钻研，同样可以变得更专业。新华社记者王军就是一个很典型的例子，他虽然是新闻专业毕业，但长期关注城建领域，已是这个领域的知名专家。

夏德元：从两位的阐释中，我感到时代的发展，确实对专家型记者提出更迫切的要求，既然专家型记者既可行，又必需，那么又该如何才能造就不负于我们这个时代的专家型记者呢？

白红义：专家型记者的造就是一个系统工程。首先，从新闻组织的角度来说，是否提供了必要的资源支撑足以培养专家型记者，比如为记者提供必要的培训机会、保证长期的条线配给。其次，从新闻记者的角度来说，是否具有持续学习的意愿和能力也很重要。但从现实来说，能够成为专家型记者的新闻工作者还是数量偏少。

夏德元：白老师认为，到底是什么因素造成今天这种专家型记者难觅的局面？

白红义：这里面表面上是个体原因，但背后不乏结构性的制约。现在的新闻工作者队伍存在两个问题：一是年轻化，二是流动快。这就导致记者很难在一家媒体、一个领域长期地跟踪和研究，加上内部考核记者的作用，当记者疲于奔命时，很难成长为专家型记者。而对新闻组织来说，当生存很大程度上由市场来决定时，资源的分配便有了优先考虑，不可能拨出额外经费负担记者的培训或进修。特别是，需要专家型记者的报道领域如果是议题复杂但与受众关系不密切的话，对它的各种资源投入就更有限了，科学新闻的没落恐怕就是一个例证。

夏德元：看来，专家型记者问题，或者换句话说记者的专业化问题，不仅是新闻从业者面临的机遇和挑战，更是我们这个时代新闻机构乃至整个新闻界所面临的机遇和挑战。如何应对，就如张燕老师所言，不仅关乎从业者的饭碗，更是关乎传统媒体生死存亡的大问题，实在不可小视啊！

（本文原载《传媒评论》2014年第5期，收入本书时略有补正。）

媒介融合时代:手机报,行还是不行?
——与相玉红、贾敏的对话

夏德元:今年2月28日,东方网总裁、总编辑徐世平发表了一封题为《别了,东方网手机报!》的公开信,在这份关于"决定自4月1日起陆续停止以短信彩信为主要传播通道的传统手机报业务"的"告用户书"中,徐总用"壮士断腕"和"自我革命"等字眼来形容这次行动,惋惜中不失决绝,悲壮中透着希望,读来令人动容!

相玉红:还真是如此,我记得公开信中徐世平总裁有一句话是说:"今天,我们做出了痛苦的决定。我相信,我们的决定是无奈的,却是正确的。"我之所以记得这么真切,是因为徐总信中为此举所列的理由恰恰是我授课的专业所涉及的。他说,之所以决定关掉东方网手机报,一是此举和他们对整个行业趋势的判断有关。工信部最新公布的数据显示,今年春节假期我国手机用户上网流量平均达46.6 M,比平日流量高25.3%;而短信业务则明显下滑,除夕当日发送量同比大幅下降,有越来越多的年轻人已很少用短信沟通,他们更加反感传统的、广播式的资讯推送方式。如今,不用说传统产业,即便是传统的PC互联网也受到移动互联网的严峻冲击,传统的手机报业务看似是移动端阅读产品,但是其收费方式、营销理念、产品形态、阅读体验、战略价值都不符合移动互联网的趋势和特征。因此,他们已越来越认识到,在种类繁多的移动端产品中,手机报更像一个老态龙钟的老者,他确实应该退休了。

二是此举和东方网的整体战略转型有关。基于整个互联网行业的发展趋势,他们已经形成共识,东方网未来在PC端产品的投入将逐步下降,移动端投入将逐步占到整个东方网内容生产投入的三分之二以上。但是"钱要用到刀刃上",移动端产品必须明确中心、收缩战线、突出优势、应用优先,只有实现理念创新、应用创新、服务创新,他们基于移动端的内容投入才是有价值的。尽管手机报目前每天的人力部署和编辑成本很低,但是在新的战略方向上,他们不能"浪费"任何资源。

我颇为同意徐总的判断。手机报作为纸媒的延伸，曾一度以内容服务商"拯救者"的角色，在智能手机普及前，为用户及时获悉新闻信息提供了极大便利。随着通信技术的升级换代，目前用户通过移动终端获取信息的渠道和方式已经发生了颠覆性的变化。各类APP推送的新闻类信息，无论在内容的丰富程度上还是表现样式的多样化上，都远远超越了手机报所能承载的信息。手机报作为一个过渡性的媒体产品，迟早会退出市场，如果有更好的产业布局，晚退不如早退来得主动。

夏德元：相教授说得有道理。但是，仅仅一个月不到，《新民晚报》却发消息称，从3月24日起，由上海报业集团出品的移动互联网媒体产品集群将启动品牌统一行动，旗下i-news、i生活、财经365、每日资讯、便民短信、wap、客户端等手机产品将更名为"上海手机报"系列。这样一来，关于"手机报"的新闻就变得有看头了。

贾　敏：我也注意到了。据《新民晚报》报道，"上海手机报"产品创办8年，日均达到150万上海用户，是上海地区用户认可度最高的手机报品牌。报道还说，更名只是上海手机报发展战略的第一步，还有精细化运营平台、单个用户的个性化定制、社区版手机报等……内容更上海，更专注，更新鲜，突发新闻即时发送，优选资讯第一时间新鲜送达用户手中。

而且,我也不同意相教授的结论。我倾向于把"东方网手机报"的告别和"上海手机报"的整合再出发联系起来看,并且认为,在媒介融合的大趋势下,手机报仍然大有可为。

夏德元: 两位的观点发生碰撞了,我们先来听听贾老师的理由?

相玉红: 好。

贾　敏: 我在给各级领导干部讲授媒介沟通课程的时候,也有机会向来自全国各地的学员了解他们是如何获取时政新闻的。众所周知,各级官员的媒介信息获取能力、新闻阅读偏好,对他们日后的决策制定以及对社会民情民意的获知了解,都发挥着重要作用。简单说,各级官员的媒介素养,实在是要紧得很。

毋庸置疑,党员领导干部的媒介素养必须不断提高,这样才能巩固我们党在意识形态领域的领导地位,才能积极加强和践行社会主义核心价值观,也才能在切实提高舆论宣传效果、提升思想传播感染力上做出好文章。中组部制订的《2014—2018年全国党员教育培训工作规划》明确指出,党员教育要通过各类媒体平台,如"共产党员电视栏目、共产党员手机报,大力推进在线学习培训,建设全国党员教育网站联盟"。手机报占据着党员教育过程中非常重要的一环,这和手机报体现出来的产品特性密不可分。

推而广之,针对具有明显职务特征和专业取向的人群,特定渠道和内容获取的媒体产品供给始终是大受欢迎的。

夏德元:这确实是一个新的视角。根据贾老师的了解,您认为目前国内有哪些成功的手机报媒体,体现了您所看好的发展趋势呢?

贾　敏:最近全国各大报业相继加大了对移动新闻平台的投入。浙江日报报业集团新媒体矩阵推出的两大新产品,浙江手机报升级版就是其中一大亮点。浙江手机报是国内目前发行的第一家省级手机报,其中重点内容为宣传浙江省委省政府的各项中心工作,及时高效向受众发布权威决策和行政信息。看得出来,扩大舆论引导作用是手机报得以生存发展的重要外部因素。

相玉红:看来贾老师确实对手机报很乐观。不过我认为,作为一个媒体品类,或者说一个产品类型,一两个成功的个案是不足以证明其发展前景的。贾老师难道没有注意到手机报这几年在整体上所遇到的困境吗?

夏德元:是啊!贾老师说说看?

贾　敏：确实不可否认，随着近两年移动互联网平台的拓宽和各类高性能智能手机的普及，传统门户网站与新闻报业网纷纷推出新闻客户端来满足受众的资讯需求。由于在传媒渠道、方式内容、经营理念上的不同，新闻客户端以其独特优势迅速占据移动新闻阅读市场的大部分份额，而两年前还颇为风光的手机报则由于种种原因和无奈，在激烈的竞争中处于颓势。但是，这样的困境并不是由手机报这一独特的媒体形态所带来的，而是因为一些传统媒体对手机报运行规律尚未把握，仍然按照固有的思路办（手机）报所致。

夏德元：若果真如此，这个问题确实值得深入探讨。

贾　敏：在手机报发展的初创期，由于遵从"野蛮养成"和"跑马圈地"的市场营销策略，形成各家报业重市场份额、轻内容质量和队伍建设的先天性制度不足。人员激励机制得不到贯彻，岗位安排得不到重视，事业成就感无从谈起，也就谈不上什么发展前景。更为关键的是，与手机报独特的渠道优势相比，手机报内容的弱化倾向是制约其发展的最大瓶颈。在强调"内容为王"的媒介产品竞争时代，信息表达形式的多样化、传播的便捷性固然重要，但是媒介文本内容的独特性和高品质才是赢得读者受众青睐的关键。大多数传统媒体按照办报的思路惯性来办手机报，使得大多数手机报只是传统媒体的再翻版或是报纸电子文摘版，内容缺乏原创性，同质化倾向突出。这种媒介产品，无法满足愈来愈多元化读者的个性定制需求。随着新闻客户端的崛起，订阅量的大量流失也成为意料之中的事情。还必须指出，手机报的发展平台除了需要依靠内容提供商，还需要电信运营和技术服务方的通力合作。但在目前的整个产业链中，运营商占据了手机报订阅收入的大部分，内容供应者则处于弱势地位。打个比方说，目前手机报"入口"的投入和创新需求要远大于传播渠道"出口"的成本，而收支比例目前则远远成反比状态。如果这种倒挂现象无法有效解决，手机报作为一种媒介产品形态存在的价值都是需要严肃思索的。

相玉红：贾老师真不愧是历史学博士出身，又有新闻学博士后研究经历，看问题既有历史眼光，又符合新闻传播学学理。只是说到市场营销策略，我倒有几句话要说。

夏德元：哦？

相玉红：在传统产业的初创期，一般很少采用"野蛮养成"和"跑马圈地"的市场策略，这确实是新兴的信息产业，尤其移动互联网服务业和电信服务业与传统产业的不同之处；但是，新兴产业有新兴产业的成长规律和戒律。

互联网企业面对的是瞬息万变的竞争环境，创新模式在互联网企业的发展过程中起着十分重要的作用，也使互联网服务业在产业竞争中占据有利的地位。互联网服务业是客户需求导向型的，要为需求差异化的客户提供高度个性化的网络服务，就要与客户间的信息沟通频繁和强烈互动，不断进行创新。

按照熊彼特的创新理论，互联网服务业创新也应该有一些新的表现：一是借助于计算机技术，新产品的研发周期大为缩短，研发效率显著提高；二是新型生产方式和工艺的开发随着新信息技术的广泛应用而变得容易进行；三是网络应用广泛渗透于日常生活各个方面，互联网在一定程度上改变了人们的行为方式，从而催生了新的消费需求，进而也催生了新兴市场；四是网络经济的新兴商业模式中，提供独到内容或控制内容来源往往至关重要；五是对于大多数网络经济中的企业，创新的速度更为重要，往往创新最快的企业才能形成或打破垄断。

目前我国的手机报，大多由传统媒体机构与电信企业合作经营，虽然经过互联网思维的洗礼，这些机构已经具备一定的创新意识和创新能力，但是，与全新的互联网企业相比，这些经营主体的创新性是严重不足的。从某种程度上说，手机报是如当年的 VCD 播放机一样的过渡性产品，其商业模式也是过渡性和成熟无望的。因为，互联网信息服务业的激烈竞争必然带来越来越多的颠覆性创新。现有的手机报经营主体如果不能适应这样的变革，或者干脆可以说，因为天然缺乏互联网的极致创新基因而注定没有前途的手机报这一媒体形态，无论它怎样地不甘与挣扎，终将形成高开低走的下行曲线，逐渐退出不相信眼泪的竞争市场。

夏德元：手机报的前景真有这么悲观吗？

相玉红：互联网信息服务业当然会越来越繁荣，但是这样的繁荣未必属于手机报这样日显陈旧的媒体形态。

夏德元：对相教授的观点，不知贾老师有怎样的回应？

贾　敏：我还是坚持认为，正所谓世事如棋局局新，手机报尽管面临诸多困境，经历了一段时间的消沉和彷徨之后，目前又找到新的振兴机遇。

夏德元：愿闻其详。

贾　敏：之所以说手机报还有机会，有如下几点理由：

第一，政策积极扶持，内容依旧为王。手机报的一大特色就在于其内容上的专业性和针对性。面对海量的新闻信息，特定受众群体需要的是经过整理和再编辑的互联网新闻产品。资讯固然重要,观点依旧宝贵。手机报由于有着直接推送和内容精干等特色,对于满足特定群体专门化需求有着很高的运营便利性。处在报业改革前排的上海报业集团对满足产品定制化方面有着深刻的认识。上海报业改革的最突出特征,就在于根据市场和受众分化变动的趋势来调整布局。一方面是果断关停多家销量不佳、内容优势无法彰显的纸媒,集中精力打造以东方早报移动新闻客户端为主的平台模式;二是继续加强对手机报内容供给的支持力度。为此,上海报业与中国移动手机阅读展开新一轮战略合作,在整合品牌、内容和渠道方面继续发力,打造手机报上海 i-news 的影响力,尤其是发展符合本地订户的需求,力图在一个宽广平台上做好营销深耕。

第二,媒介融合不断升入,全媒体开始发力。媒介融合作为一种指导性理念,指的是各种媒介形式、媒介产品和媒介从业者的汇聚融合。手机报早期作为适应移动平台的媒体产品,是平面报纸图片和文字的屏幕化呈现。受制于早期移动网络和手机性能限制,其发挥优势仅仅在于渠道。目前,手机报事实上已经不再是简单的版面图片化呈现,而更适合全媒体的特长发挥。一些主流大报纷纷借助手机报尝试各种新的理念,如北京《京华时报》首创在纸质新闻旁标有云拍符号,读者只要安装过云拍软件并拍下图标,就可以即时看到该新闻的在线音频视频版本。这种做法已经将原本与纸质报物理上分开的手机报重新融合为一体,是很有创新意义的尝试。又如《人民日报》手机报,其音频信息直接植入图文内容中,通过植入新闻标题栏旁的时评标志,把全媒体符号融入读者的阅读体验之中,这些都广受读者的欢迎和好评。

第三,内容与渠道深挖合作,破除产业制约瓶颈。手机报发展的渠道瓶颈来自于电信运营商的流量控制和利润提成。但目前电信运营商的议价能力同样随着移动互联网平台的飞速发展而出现松动和弱化迹象,以BAT为代表的互联网产业巨头反过来对运营商提出苛刻要求,挤压后者的盈利空间。这种趋势能够增强电信运营商与手机报达成新的战略合作意向。诸如手机报在保证内容质量的同时,开展移动电子商务,通过与运营商合作开展手机微支付的模式,培养手机用户通过手机报进行移动消费和在线支付的习惯。

总之,手机报的未来不是坦途大道,但也并非暗淡无光。在手机报被国家定位为新媒体党报,并被要求打造"一省一报"的新政下,手机报的运营和发展必将迎来新的红利时期。但唯有在吸取过往经验教训的基础上,手机报才能在媒介融合大时代的驱使下站稳脚跟,有所创新,进而大有作为。

夏德元：看来两位都无法说服对方，况且统一思想也不是我们这个栏目的初衷，所以我要代表读者感谢两位的交锋，给了我们多方位的视角和多方面的启迪。谢谢。

（本文原载《传媒评论》2014年第7期，收入本书时略有补正。）

移动媒体时代:"标题党"的是与非
——与袁志坚、陶文静的对话

夏德元：最近，微信朋友圈疯传一个视频短片，标题是《史上最强大色魔，首次暴露在你眼前！惊呆了！》。打开一看，其实是一段有关变色龙强大变色能力的视频，这样的"标题党"，也许没有太大的危害，只是博得了眼球，成功偷走了你的注意力资源罢了。

但是，也许有人并不这么看。不知二位有何见解？

袁志坚：我觉得此风不可长。因为，"标题党"的主要动因是商业利益。很多网络媒体认为高流量会带来更多广告收入，因此，对编辑的考核尤其注重点击率。而一些网络编辑受到利益蛊惑后，必将想方设法冲击受众的心理习惯和阅读期待，以耸人听闻、歪曲事实、故弄玄虚、偷换概念、媚悦流俗等各种手段攫取受众的注意力。

不久前的一天早上,我在上班路上听到报贩叫卖《宁波晚报》:"今天晚报有大新闻,天一广场绑架女人啦!"我大为吃惊,报上会有这条新闻吗?果不其然,这名报贩演了一出令人哭笑不得的"标题党"闹剧。原来,当天的《宁波晚报》刊登了宁波购物节启动的消息,因为促销活动丰富,宁波商场最为密集的天一广场区域将吸引众多消费者,尤其是女性消费者。一条经济新闻,被这名报贩故意曲解为一条"爆炸性"的社会新闻。

夏德元:袁总的意思是不是说,"标题党"之所以要不得,就是因为它带着"追求商业利益"的原罪?进而言之,是不是一旦追求商业利益,追求高点击率,就必然上演一出出"标题党"的"闹剧"呢?

袁志坚:我是这样认为的。新闻"标题党"带来的后果,首先是误导、愚弄、欺骗受众,其次是扭曲了受众使用媒体、获取信息的需求取向,最终导致受众对媒体形成越来越消极的态度。"标题党"是非常不健康的一种媒体消费观,玷污了媒体伦理,损害了媒体形象,恶化了媒体生态。对此,大家都达成了共识,我就不展开了。我只是提醒媒体工作者,不要把自己的职业操守降低到一个油滑的报贩子的水平上。这样损害下去,媒体公信力、影响力还会有多少呢？"标题党"换来的点击率只是一次性的，只会不断刺激受众的逆反心理，只会遭到主流人群的鄙弃。

市场经济的成功之道是诚信经营，更何况媒体是特殊的商品，要把社会效益放在第一位。即便追求经济效益，仍然要着眼于长远，用公信力、影响力来赢得用户、获取资源。从某种意义上说，公信力、影响力是媒体最具有价值的社会资本。对于媒体人个体而言，即使要转行，如果本人具有一定专业素养，职业品格、口碑没有"污点"，可以"变现"的社会资本相应要高得多。对于媒体、媒体人而言，"标题党"所致的损失均很大，有害无利。

夏德元：看来袁总确实对所谓"标题党"深恶痛绝，对它的存在丝毫也不能容忍了。不知文静怎么看这个问题？

陶文静：也许是教师职业和学术研究的关系，我倒觉得对"标题党"现象不能简单地否定了事，而是应该客观分析其产生的原因和条件，如果说需要对其进行治理，研究透了，也好对症下药。

夏德元：哦？我们不妨听听陶教授的高见。

陶文静：其实，"标题党"是中国网络化社会进程中出现的一种网络结构。从网络化社会的角度，"标题党"实质上是在互联网等电子传播技术与中国现实相互结合的过程中产生的一种由"题名不符"的信息连接而成的网络结构,其媒体属性、商业模式、操作方式深受整体网络社会结构与形态的影响。

夏德元:这个说法很有理趣,不知中国的网络化社会进程到底是如何影响到这种"题名不符"的信息呈现方式的。

陶文静:首先,由于自身的媒体属性,"标题党"即使"题文不符"也要借用"新闻信息"为主要内容发布格式,以获取受众认同。尽管互联网具有多重属性,但在进入中国的早期,最引人注目的是它的大众传播功能。然而,由于采访权利和成本限制,对传统媒体新闻的"二度加工"成为网络新闻编辑的主要工作内容。由于缺少必要的监管,我国的网络新闻媒体一直没有独立的采访权,直到 2012 年,才有部分"中央级"网站取得了官方颁发的记者证。网络新闻大量依赖传统媒体为主要内容来源,网络媒体之间的"转载"和"再加工"也十分普遍,加上激烈的市场竞争要求实时快速内容更新,网络新闻的流量大、内容少成为普遍难题。相同或相似的新闻甚至在同一家新闻网站上多次重复或在同一时间不同板块刊登出现。同时,网络新闻推送的技术模式使得"做好"标题成为点击率获取的重要手段,许多"标题党"应运而生。与传统报纸将新闻标题和正文同时"推送"给读者不同，网络新闻的列表式推送使得标题的"好坏"直接决定了这条新闻是否会被人点击。如果依旧按照传统新闻从内容中"提炼"的方式，能够做出的标题其实十分有限。网络传播的匿名性和流动性降低了欺骗信息的责任成本，为了能在激烈的竞争中减轻"重复信息"的印象并且脱颖而出，许多网络编辑不惜牺牲内容，"怪招"频出。

夏德元：我似乎有点明白了，袁总主要把"标题党"的盛行归咎于新媒体信息发布者的商业诉求，而陶教授则注意到新媒体在与传统媒体互动过程中的生存压力。

袁志坚：也不能这么说。我觉得，"标题党"是一种极端现象，虽然多发生于新兴媒体，但是，从另一个方面看，是我们的主流媒体在一些地方缺位了、失语了，留下了市场空当。特别是存在有效信息供应不足、话语方式缺乏贴近性、不注重受众权利和受众需求等缺陷。打一个不恰当的比方，为什么脱衣舞表演到一些农村地区去"开辟"市场？如果农村的文化消费市场有丰富的文化产品，我相信很少有人去看脱衣舞。诚然，"标题党"瞄准的是一些受众的心理"黑洞"，迎合的是他们的"窥探人格"，但解决这个问题的治本之策是用主流、优质的内容信息面向受众、面向市场，提高媒体内容信息产品与服务的水平，满足受众正常的、合理的信息需求和精神需求。

陶文静：感受到压力的，最初是处于边缘地位的新媒体，现在，这样的局面则出现了某种程度的逆转。

夏德元：陶教授的意思是，原来处于边缘的新媒体逐渐成为影响更大的信息集散地和意见场，过去处于中心地位的传统主流媒体反而变得弱势？

陶文静：是这样。首先，网络化社会的深入、媒介融合的深化和新闻竞争的加剧将进一步诱发"标题党"的扩散。为了加快自身的"数字化转型"、迎合市场的需要，许多传统媒体主办的网站也纷纷加入"标题党"的行列，有调查显示商业门户网站和传统媒体网站在标题党的出现比例上相差不大，"南方报业全媒体官网"的"标题党"新闻比"搜狐新闻排行榜"的还要高出一个百分点。

其次，内容政治化、道德化是网络化时代的标题党的最新特征。尽管手段各异，"标题党出品"都重在"传神"，从而激发起受众的阅读兴趣。渠道不再稀缺的信息泛滥时代，用户只会点击自己最"相关"话题的标题。为了最大范围内获得这种"相关性"，当下中国标题党的"传神"除了链接"传统的"（早在大众化报纸的黄色新闻中就已出现）色情暴力（当然这仍是值得专文讨论的研究问题），借用政治和社会公共道德相关的话题也是其常用手段。

夏德元： 对这样的趋势，身为传统媒体老总，志坚兄怎么看？对传统媒体上的"标题党"现象您有何评价？

袁志坚： 我认为，主流媒体应探索适应互联网时代的表达方式，实现与新兴媒体的话语融合。当前，主流媒体普遍存在另一种"标题党"现象，主要有以下三个方面。第一，自以为形象的语言，实则高度体制化。我们一些新闻标题直接套用公文语言、工作语言，如"科技惠民""文化育民""活教材""十条新政""亲民价格"等，看似形象贴近，其实自说自话。或高高在上，或空洞抽象，或冷漠客套，与受众的利益、权利、兴趣、情感毫无关联。有的标题甚至沿用"斗争""包围""占领""收兵""攻坚战"等战争用语来比喻政治、经济、文化、生态等工作，宣传味太重，难以让人接受。传统媒体要引领社会舆论，首先需要改进话语方式，回归大众化、通俗化、生活化的话语形态，讲好"普通话"。做到这一点，首先是要用事实说话，要呈现事实、真相，而不是用主观的、推断性的语言来制作标题，一些用不恰当的修辞法制作标题的手法可以休矣。这种文过饰非的修辞法，无异于"标题党"。第二，新闻标题难以提炼出"兴奋点"。一些新闻稿件缺乏有效信息，看上去面面俱到，其实受众真正关心的信息被淹没其中，甚至被刻意遮蔽，只有片言只语。公共信息公开不够，公众的知情权被忽视。一些新闻通稿要么比"微博体"还要简短，要么比"领导讲话体"还要原则。真要把有价值的信息"拎"出来制作标题，受众就会认为被"标题党"忽悠了，因为他们阅读全文后得不到更多的有效信息。第三，标题制作华而不实，强行"贴标签"，也容易被视为"标题党"。前几年，《人民日报》一则头版头条的标题用了网络语言"给力"，引来赞声一片，很快全国的报纸普遍"给力"。如今，标题制作越来越多地引用网络流行语。开始，可能还能以"萌态"吸引人，但多数时候效果"雷人"。比如，近年来"最美"已经到了泛滥的地步，其实汉语无比丰富，妥帖、有表现力的词汇不少，何必轻易言最？何必拾人牙慧？受众不买账的主要原因，标题语言与网络媒体的表达方式"融合"了，但内容依然是毫无新意的"党八股"，让人感觉怪怪的，做作、虚伪、不可信，效果适得其反。总而言之，标题制作越真越好、越实越好、越接地气越好，少耍小聪明、少赶时髦、少玩文字游戏，传播效果会好得多。

夏德元：袁总的态度可谓"旗帜鲜明地反对标题党"，不管是网络媒体、移动媒体还是传统媒体，只要在标题上做文章，就要反对，是这样吗？

袁志坚：也许有人认为，不要过分强调"标题党"的危害，"标题党"只不过是一种"轻语言暴力"，还可产生"喜剧"效果，打打"擦边球"无妨。持这种观点，无异于说大麻不是毒品。虽然大麻的危害程度不及海洛因，但其实质是同样具有危害性的。"标题党"所附加的是什么样的价值观？违背新闻真实性原则，泛滥的娱乐化，过度的商业化，露骨的低俗化。"标题党"只会侵蚀新闻媒体的风骨，歪曲社会现实的风貌，破坏网络空间的风气，增加舆论导向的风险。

"标题党"拉低了受众需求的底线。虽然大多数受众具有主流价值观和一定媒体素养，但仍有少数受众存在价值观和媒体素养的缺陷。不得不指出的是，"标题党"大肆流行，体现的正是某些媒体和某些受众的"合谋"，某些媒体迎合了某些受众的低级趣味甚至不良心理。因此，解决"标题党"问题，除了媒体加强职业精神和职业道德，并用适应互联网时代受众需求的编码规则来升级话语形态，提高内容信息的质量之外，另一方面，要把提高公众的媒体素养作为重大课题，在实现公众拥有更多话语权利、表达渠道的同时，启发公众使用媒体、利用信息的素养，帮助公众在数字时代、泛媒体时代获得更多的正能量。

夏德元："标题党"起初主要是指通过娱乐新闻的方式对新闻标题进行加工。《两少年人穷志不短，穿着内裤环游世界》(海尔兄弟宣传照),《一猛男不顾劝告,酒后与猛兽肉搏》(武松打虎图)……这些新闻标题和帖子都是以"娱人和自娱"为出发点的一种网络娱乐现象,并不会引起人们的反感,相反,却能博人一笑。演变到今天这种局面,两位有何见教?

袁志坚:"标题党"确实一直在变。如今,"标题党"在社交媒体上又出现了新的"变种",值得警惕。它利用了人际传播中受者、传者合一的特征,设置道德绑架、利益诱惑、社交威胁等陷阱,迫使用户转发不良、不实信息,或为这些信息点赞,或参与评论,甚至让用户付出各种代价。这样的信息"分享"机制,直接由诸如此类的标题所驱动:"十条早就应规劝家人的健康提示""为属蛇的亲人转发吧,改变这五种招致厄运的思维习惯""中南海内参:反正我信了""你也来试试富人圈的微信营销手法""不容错过的另一种解读:某新闻事件内幕""北京转疯了的房价走势报告",等等。不难看出,这样的"标题党"十分煽情,企图利用人们的从众心理、怕吃亏心理、禁忌心理、面子心理等达到不光彩的目的。用这种方式所兜售的内容信息是绝不可信的,尤其要当心其中有诈。

陶文静:改变"点击量为王"的网络目标才是整治标题党的根本途径。

夏德元：看来两位似乎在必须整治"标题党"这个问题上意见还是颇为接近的。是不是可以这样说，"标题党"虽然出身并不坏，最初只是一种语言游戏，可是，因为它后来被用在了性命攸关的新闻信息的传播，尤其是移动微传播上，从而使其游戏的对象发生了根本的变化，所以才应该加以整治？如果是这样，那么，你们觉得究竟要如何整治，才能达到某种理想状态呢？

陶文静："标题党"的网络扩散带来了种种恶果，因而对其进行整治势在必行。目前可行的方法包括推动网络新闻的转载"源头链接"、关键网络节点的把关、主流媒体对重要议题的专题化呈现与适当地舆情监控与纠正等，以最大程度地减少信息解读的"脱域"，增强网络新闻的"可查证性"。但正如卡斯特所指出的，网络目标和逻辑一旦确立就有其"自组织"功能，只有从外部改变其运作逻辑、转变以点击量为单一的考核标准，才能从根本上杜绝标题党传播现象的出现。

2013年7月，随着目前最活跃的社交媒体平台微信平台阅读数的公布，已有的560多万公众账号将围绕点击数展开更为激烈的竞争，"标题党"泛滥的危险需要采取相关的技术手段和政策控制做出提前应对。

夏德元：陶教授提出了一个整治"标题党"的技术路

径。我的疑问是，在处理与人的欲望、诉求和利益相关的问题时，技术真的那么可靠吗？因为时间所限，我们今天的讨论，还只是刚刚触及到"标题党"现象较为浅层的一些问题，在移动媒体时代，新闻信息传播会面临许多复杂深邃的问题，只能留待读者独立思考，或期待其他专家学者的研究和解答了，也希望看到两位后续研究的成果早日面世。谢谢两位的真知灼见。

（本文原载《传媒评论》2014年第9期，收入本书时略有补正。）

自媒体：颠覆什么？如何颠覆？

——与孟慧丽、李德顺的对话

夏德元： 知名自媒体人罗振宇向以语出惊人而著称，他在一次题为《九尾猫的修炼》的演讲中说，关于自媒体最近传扬着一句话："你们全家都是自媒体！"似乎自媒体在中国已经被严重污名化。但是，他仍然期望自己能修炼成九尾猫仙，最终被"包养"。两位对他的说法有何评论？

孟慧丽： 在开始讨论之前，我觉得有必要先与主持人沟通下"什么是自媒体"的问题。自从新千年初硅谷知名IT专栏作家吉尔默提出了自媒体（We Media）这一说法后，我们网络生态中的那种参与、互动、草根的特性得到了恰当、恰逢其时、被广为认同的命名，同时也给我们这些天天起早摸黑的网民一个更光明正大的名字："草根发行人"。从这一点来说，吉尔默绝对是个优秀的自媒体人，他抓住了时代的变点，将剧烈变动、广泛实践却无法准确概括的网络现象贴上了自己的标签。那么，到底什么是自媒体呢？我觉得关键取决于一点，是否可以实现互动（或曰互播、点对点传播），只要是使用者可以自由或者部分自由地参与内容生产，那它就是自媒体，比如论坛、脸谱、微博、微信、豆瓣、婚恋类网站、提供边集体刷屏边看剧的虐眼虐心的网站等，都包括在内。其实我说这么一长串话，就是想引出来要请教主持人的问题，为什么把咱们聊的话题锁定为"自媒体"，而不是新媒体、社交媒体？我刚才掰着指头数落这么一串名字，似乎大家把它们称之为社交媒体的时候更多一些？

夏德元：这是个好问题。我们确实曾经试图以各种名字来命名我们的时代，而且每种命名都听起来十分顺耳。但是，按照我的研究取向和个人旨趣，我还是更愿意将我们的时代称为"自媒体时代"，我还建议把我们每一个人都称作"电子媒介人"。在这一点上，我与罗胖可谓不谋而合。不知孟教授有何见教？

孟慧丽：对这个问题我也自问自答一下，我是倾向于叫自媒体而不是社交媒体，在讲课中涉及相关问题，我通常会加上一个自我的界定，我会说"自媒体发布"，"社交媒体使用/参与"。前者强调网民参与网络内容生产的正当性，后者关注各种传播渠道的平台性。我没有吉尔默和主持人那种强大的命名能力，所以很难把自己的这种区分动机说得更明白一些。借个哲学词汇来总结下吧，就是我更关注内容生产主体性问题。

李德顺：我也注意到，罗振宇在谈到自媒体经营时说，魅力，是互联网世界中的稀缺物资。打造自媒体，就是要打造自己的"魅力人格体"。作为自媒体，最重要的就是它属于自己的独特的主体人格特征。

夏德元：真是太好了，我们似乎在自媒体的主体性上达到了惊人的一致。我认为，可以用以命名我们这个时代的自媒体，它和与之相对应的传统媒体最大的不同，正是其独特的个体特征，或者叫人格魅力，或者叫主体性。要说它颠覆了什么，那就是传统媒体的那些非个性的、非人格的和非主体的因素。

孟慧丽：我一直很关注社交媒体平台的发展，也亲身参与了很多自媒体发布实践，当然到今天为止都不怎么成功，朋友圈发个图，能有三十几个"赞"已经足以让我偷乐半天了。但即便如此，对那些谈如何经营自媒体、如何变网络小红人的文章，我还是很难认同，不是对其技巧性内容的不认同，而是对这一类文章的假设前提的反对。大量自媒体营销的文章总是从营销、市场的角度把"我们"给他者话一番，一边说"我们"是上帝，一边却把"我们"作为一个"他者"进行各种机械的、所谓理性的研究和剖析。

夏德元：是否可以这样说，孟教授所反感的，是一种伪自媒体，或者是披着自媒体外衣的传统媒体？

孟慧丽：可以这么理解吧。对那种"我（主体/传者）教你（客体/受者）学个乖"的思维方式和传播方式，我不喜欢。这样就把传者与受众随时可以改变角色的"互播"行为拉回了传统新闻传播的路子——我说你听；把这种传播模式的本质性、哲理性、社交交往方式的改变简化成了传播技术＋技巧的改变。我更倾向于把"们"作为"我"（主体）的一部分，追问"我"到底为什么会一天刷三遍五遍微信都不厌倦？起个大早赶个晚集，万事不做先"临朝"微博？遇到好吃好喝好玩的，二话不说先来个三步走，拍照、连Wi-Fi、发图？为什么不分白天黑夜，不论男女，有个心情、感慨都是先叉腰，再45度看天selfie个锥子下巴、高度美图后才肯发布的自拍？对我来说这不只是一个传播学问题，更是一个有趣的心理学、社会学问题。

李德顺： 孟教授的话对我颇有启发。自媒体人喜欢挂在嘴边的两个字——供养，即自媒体的生存希望能够得到用户的付费支持。谈到供养，就不由自主地想到佛教，佛菩萨。菩萨为什么有人供养？佛陀从来不需要宣传，菩萨也从不言语，寺庙也没有打广告。但是佛陀的粉丝最多，很多寺庙善男信女纷至沓来，香火延绵不绝。这是为什么呢？利他！佛教的根本信条就是要有利他之心。这正好满足了进入寺庙的善男信女都祈求能得到菩萨的保佑，求得平安，好运的心理需求，所以踏入寺庙，都会不自觉地给菩萨表示心意，捐钱捐物。

夏德元： 德顺兄所说的"供养"，跟罗振宇所说的"包养"倒有几分神似。说到底，自媒体要存在和发展，就要有被供养或被包养的资本和理由。孟教授讲的是互动，德顺兄讲的是利他。孟教授有何补充？

孟慧丽： 我认为从主体哲学出发的立场讨论自媒体传播的问题，相对更加接近真相，也更客观。每个网民都在发声，就如同蛙声一片的夜半池塘，你想听到一个声音比你想发出一个声音还要困难，能否有好的传播效果就不再单纯是一个受众研究，或者一个营销案例分析，而是需要更哲学一点地说说自媒体传播背后的问题，比如它牵涉到社会交往中的主体之间的关系问题，如何与一个个草根发布者协商、交往、讨论从而共同建构起一个个开放式的内容生产环的问题。

夏德元： 我颇同意从哲学层面来把握自媒体与自媒体之间的关系，换言之，我们过去的研究似乎注重自媒体与传统媒体之间的博弈和互动，而在如今"你全家都是自媒体"的时代，世界上充满着电子媒介人，更应该引起我们关注的就不再是新媒体与旧媒体、个体与集体、民间与官方的关系，而是人与人之间的关系了。

李德顺： 确实是这样。如同生活中的个体一样，一个长相出众、言谈幽默、充满自信和个性魅力的人，在社交场合肯定受人欢迎，更容易获得他人的亲近，更容易交上朋友。自媒体传播的道理也类似，假如一个微信公共号要不断增加粉丝和用户，也需要包装它的个性和特点。赵本山演很大众的小品能出名，郭德纲讲相声能出名，周立波靠海派清口也获得名气。他们虽然风格迥异，不管是大蒜味还是咖啡味，只要有特点和个性，就一定都有属于他的铁杆粉丝，都能在演艺圈找到自己的位置。千千万万的自媒体，经过大浪淘沙，一轮轮的冲刷、洗礼，未来剩下的非常有限。对于单个的自媒体来说，如果要不被淘汰，要能够磨炼和打造出自己的个性，正如演员的成名之路一样，无论是演技派还是偶像派，要得到观众的认可，一定要给观众一个爱他的理由。

夏德元：谈到被爱的理由，我正好看到一份近日在上海发布的实验研究成果，说是自媒体用户的微信阅读存在"注意力框架或叫视觉强区"，微信时代仍然是读题时代，指示图片效果有限。研究发现，微信订阅号的"小红点"并不能吸引被试用户关注，以往公众认为订阅号的小红点中的数量会引导用户阅读，实验发现，这个部分并未引起用户的注意，真正引起用户注意的是标题。

孟慧丽：这不就回到你们上期讨论的话题上了吗？看来"标题党"有其深刻的心理学背景嘛！不过我倒是想就自媒体人的人格形象建构问题说一说我的想法，文艺点说，就是强调自媒体内容生产中的主体性与传播平台差异必须并重。有人说，网络上最有影响力的自媒体账户估计也就300个左右，这些人或许在我的社交媒体关注范围，但绝对不在我的现实生活圈，我接触到的最红自媒体人就是曾经自我标签为上海滩的"资深十三点""包容型吃货""文艺男中年"的傅踢踢了，他的微信公共账号点击率很高，一篇《〈大话西游〉：你以为看到了爱情，说到底不过是命运》点击率两万多，前几天他通过微信平台众筹自己的新书，又有"4个小时18 000块"的特效。虽然目前与号称"2013变现最成功的自媒体"罗振宇还无法比，但这个案例贵在信息翔实、生动。他的文章有时风趣、有时泼辣、有时刁钻，即博学多识又嬉笑怒骂皆成文章，连我都爱看，是等个地铁、排个队的好伙伴。表扬完了开始插刀，事实上他的微博虽然发了4 000多条信息，但粉丝却低于这个数，同一个人，同样的风格，甚至内容有时候也会互相交叉，但怎么会差这么多呢？我把它总结为媒体平台差异、限制。相比微博平台的大声说话，说点怪话，发点大(尺度)图就有机会红，微信平台更封闭、更个人化，它更喜欢人格特征明显的自媒体人。

李德顺：不知不觉，我们的话题已经从"颠覆什么"过渡到了"如何颠覆"上了。今年前一段时间曾经流行过一个"汪峰上不了头条"的搞笑段子：9月13日，汪峰发表离婚声明，遇上天后离婚，震惊世人的消息瞬间无声无息；11月9日，汪峰向章子怡表白，又碰上恒大夺得亚冠，震惊世人的消息再次无声无息；后来，汪峰打算发布新歌，要努力上一次头条，结果遇到吴奇隆、刘诗诗公布恋情……仍然无情地被刷下头条！这虽然是一个搞笑段子，但是其中蕴含了注意力经济时代信息传播的规律。汪峰每次都上不了头条，因为每次都遇到名气比他更大的明星或者更有轰动性的事件。用户的注意力始终是被值得他关注的事情所吸引。其实自媒体也好，公媒体也好，它仍然改变不了"媒体"两个字的特点，无论是公，还是私，媒体的本质是信息传播，需要有吸引用户关注的特质。

夏德元：按照您的说法，似乎在讲究名人效应这个问题上，自媒体并未颠覆什么？

李德顺：倒也不能这么说。在传统媒体时代上，名气固然重要，却不足以致命；而在自媒体时代，名气却有一票否决权。

孟慧丽：关于如何颠覆的问题，我认为自媒体人在研究媒体平台特性的同时，也有一些基础的规律性东西需要注意。一是建构丰满的虚拟人格形象，这个形象的基础是你想与之为伍的那些自媒体人所共有的社会性价值，比如热爱点评电影，比如喜欢指点国家大事等。二是贴对标签，或是吃货，或是喵星人，或是男女文艺青年，或是广场舞爱好者，总是在自己有了一个网络形象以后为了让趣味相投者快速从茫茫人海中发现你，给自己的脸上打个正确的高光点同样重要；三是人性化的内容，除了大家一般意义上所说的内容人性化以外，我想强调的是对符合大众品位的机智勇敢和幽默，讲五年前的笑话，或者非人类智商所能理解的幽默还是算了；四是有代表性、调和众口味的话题，在微信圈发起"反心灵鸡汤"之前，发点真真假假、酸酸腐腐的励志故事是人间大爱，不论谁转，都很有可能被赞或者被转发，究其原因，它介于大众口味与小众品味之间，最易被接受。

夏德元：回到我们开头所引用的罗振宇关于九尾猫的寓言故事，猫的九条尾巴对应着自媒体经营的九个重要的秘诀，即超越组织、超越逻辑、超越内容、超越定位、超越盈利模式、超越产业链、超越价值链、超越专业、超越营销。而第九条尾巴的长成，却费尽周折，来之不易；只有得到了广大其他自媒体人的无条件喜爱和帮助，才能成就超越一切营销模式的生态营销。而要达到这样的境界，却不是仅仅靠谙熟媒体经营术就能做到的，而确实必须从做人上下足功夫。自媒体也好，魅力人格体也好，电子媒介人也好，都落实在一个人上。这既是自媒体所要颠覆的，也是自媒体实现颠覆的途径。

孟慧丽：主持人的话引起我的深入思考。我们似乎还有必要做进一步的追问：自媒体作为一种信息传播格局，它的真正用意是为了"人人看我"，还是"我看人人"？如果是追求想被人看到的效果，它还符合自媒体的平台互动、意义共建的预设吗？如果是为了使用社交媒体，即想"看看别人的观点和生活"，那我们还有没有必要在这里苦思冥想提高传播力、知名度的技巧？是不是应该快点打开手机、电脑,继续潜水"偷窥"下去?

夏德元:这样的问题,也许要另起话题了。谢谢两位。

(本文原载《传媒评论》2014年第11期,收入本书时略有补正。)

报纸网络版的有偿阅读：凭什么？
——与吴华清、贺蕾的对话

夏德元：当人们为"澎湃""界面"等新兴的新闻形式点赞时，或许经营者正在为这些新兴媒体的钱途而担忧。根据人民网的报道，当全球报业还在纠结于电子版是开始收费还是继续免费的问题时，温州日报报业集团的电子版收费模式，倒是推广开来，并切切实实地赚来了近百万美金。两位对此有何看法？

吴华清：我觉得不仅澎湃和界面这样的新媒体必将走向收费订阅模式，就是传统媒体的电子网络版，也会逐步进入收费时代。

贺　蕾：报纸网络版收费的争论不是一个新问题，可以说从报纸网络版诞生之初这就是一个问题，不仅如此，报纸网络版收费的尝试也一波一波地进行着，有成功的样板也有失败的案例。因此说，报纸网络版收费不是一个可以一概而论的问题。

夏德元：何以见得呢？

吴华清：正如贺老师所说的，报纸电子版的收费问题讨论了有些年，也有先行者早早地进行过尝试了。其间不乏失败的案例，但也有成功的典型。

夏德元：您说的是"付费墙"计划吧。

吴华清：正是。"付费墙"是指传统报纸对其在线内容实行有价阅读而建立的支付模式，是新闻提供商对在线内容实行付费阅读的"准入系统"。《纽约时报》3年前推出"付费墙"后，网络版的订户数量一直呈增长的趋势，到今年一季度，网络版订户数达到79.9万，已达到了收费之前独立用户的2.6%。闯过险关，取得了超出预期的成效。尽管饱受争议，英国《泰晤士报》"建墙"之后，经营上也出现了明显改善：泰晤士报系的亏损额大幅度降低。两家报业"龙头"的实践似乎可以证明，只要采取恰当定价和营销策略设计，付费与免费合理组合，建立"付费墙"未必导致网站流量和网民大量流失，反而有可能吸引更多的忠实粉丝，构建起具有高联结度的新闻网络社区。目前加拿大、澳洲、巴西、德国的一批主要报纸也已放弃网络内容免费的策略,建立或决定建立付费墙。

夏德元:"付费墙"计划真的那么美好吗?

贺　蕾:其实,付费墙计划的推行并不那么顺利也不美好。《纽约时报》的网络版收费并非始自 2011 年,而是更早的 1996 年《纽约时报》网络版建立之初,当时《纽约时报》网站是收费的,大约半年后,《纽约时报》取消了收费。2005 年,《纽约时报》网站再次决定对"时报精选"内容收费,2007 年《纽约时报》取消对"时报精选"的收费。可见报纸网络版收费是经历了一波三折的过程。我国的《人民日报》,也曾推出全部在线内容付费阅读,结果尝试了三个月后,不得不改为部分收费阅读。

夏德元:那么,到底是什么原因,导致这种尴尬局面呢?

贺　蕾:之所以如此,很大程度上是因为报纸网络版收费必然面临用户订阅费和广告收入之间的平衡问题。对用户收费在增加订阅收入的同时又会影响到用户页面浏览量,并进而影响到广告收入,用户收费带来的收入与广告收入之间的变化是报纸网络版在收费与免费之间摇摆的主要原因。

吴华清:我看主要原因还是人们对免费内容已经习以为常,消费习惯暂时没有扭转过来造成的。一旦付费阅读成为新的习惯，报纸电子版的付费阅读一定会风行开来。

夏德元：冰冻三尺非一日之寒，读者免费阅读的习惯已经养成。依您看，如何才能培养其付费阅读的新习惯呢？

贺蕾：报纸网络版收费的方式归纳起来无非两种：分类收费和完全收费。两种收费模式各有利弊，分类付费模式对不同的用户进行了有效区分，避免了网络版收费带来的用户流失造成的损失。多数报纸网络版采用的即为分类付费模式，《纽约时报》的订阅用户可以全面获得《纽约时报》的信息，非订阅用户，每月可以免费浏览20篇文章，超过限额则须付费才能继续浏览。在目前互联网开放环境下，大量免费信息触手可及的情况下，恐怕很难让用户愿意付费阅读。对于大多数用户而言，放弃浏览或是转而寻求其他的免费网站是最可能的两种选择。在这种情形下，谁会成为报纸网络版付费用户？为什么付费？

吴华清：解铃还须系铃人。我认为，读者的免费阅读习惯是报业自己怂恿养成的，如今要扭转乾坤，也需要报业自身理清思路，理顺关系，从头做起。纸媒网上"建墙"是在解开一个矛盾：投入巨大成本及优势资源制作的内容产品，一边在印刷版上卖钱，新闻有价；一边又在网络上和盘托出，免费呈现。比如，时下热门的"N次发送"销售策略,就是拿同样的产品"左手卖钱,右手白送"。其实,这不仅损伤报业原有基于收费的传统经营模式,更难以理解的是,"N次发送"的办法往往只是将纸质版内容照搬上网络或移动终端,用户体验并不叫好。报纸传统的经营方式,给新闻聚合网站搭建起不劳而获的平台,其集体无意识共同烹饪出长期"免费的午餐"。纸媒"集体无意识"体现在,几乎是自愿放弃一向赖以生存的版权权益,而争相与新媒体竞争对手"合作"——实际上是免费或廉价提供内容,客观上帮助搜索引擎、门户网站、社交网站和移动聚合等新媒体力量顺势崛起。直至今日,新媒体提供信息内容,仍然是以低成本、非原创和聚合式路径运作,而报纸内容则求原创、求品牌,其运营成本因此高企不下。同样拼"免费战略",报纸显然处于下风。

夏德元: 确实如此。世界上绝大多数的报纸在互联网爆炸性发展的压力面前,都曾采取了内容免费上网的经营战略,实施这种免费战略的思路是: 在开放的网络时代,免费本身是最好的经营模式,内容虽不收费,但可以吸引更多的读者,产生更大的影响力,从而随着时间的推移,有可能获得更多的广告收入,或从其他方面获得交叉补偿。但在数字化市场的激烈竞争中,经过20年的尝试和较量，实践证明这种"内容免费"的经营战略并没有起到积极作用。那么，如何看待那些成功的案例呢？

贺　蕾：当然，国内外还真有报纸网络版收费成功的典型。国外的如《华尔街日报》。国内如主持人开头提到的《温州日报》。《华尔街日报》自1996年开始采用付费订阅模式并沿袭至今，是世界上最大的付费订阅新闻网站。《华尔街日报》以金融报道为主，自创刊就称自己为"投资者的报纸"，用户以政治及经济界重要人士、金融大亨、股票投资者为主。基于精准的用户定位，《华尔街日报》内容定位专业、高端，大部分付费内容都是独家新闻和深度分析以及一些有针对性的个性化信息服务，比如为一些金融高管提供能源新闻报道等。分析《华尔街日报》网络版收费的成功实施很大程度上在于其内容的优质、独特与不可替代性。而温州日报报业集团的数字报纸的成功，则主要是基于温州的一个条件，即温州人散布在世界各地，常年在外工作生活的温州人有将近200万。温州还是著名侨乡，现在有50多万温籍华侨在海外创业和生活。收费数字报满足的是在外的温州人想了解家乡情况的愿望。另一方面，温州报业的"走出去"战略也是温州报业数字报纸能收费的基础。温州日报报业集团将数字报纸的发行推广与国家文化走出去战略结合起来。

夏德元：看来报纸网络版收费的事的确不简单。我的理解是，要有料才能"有料"。只有具有无可替代价值的内容，才有收费的底气。是这样吗？

吴华清：若将报纸的赢利模式平移至网络，显然并不可行。在报纸上，信息有价，可以卖钱，但是在网络世界，任何报纸的那点信息不过"沧海一粟"。网络早已经不是单纯的媒体，而是一种生活方式、一个综合性的平台。报纸电子版网上收费，就要适应网络的游戏规则。其中最重要的，就是向用户收取订阅费也要有自身的特殊性，信息内容本身要有不可替代性，即是核心资源。从消费结构来看，成为某一报纸的黏性读者，花钱看报并非一种奢侈行为。其实，每天读一份报纸比喝一瓶矿泉水还便宜，只要真正喜欢、确有需要并且方便易行，读者就会愿意并有能力付费阅读某种品牌的报纸及其网站。美国的收费报纸网站，不少是定位非常明确的细分市场。如"美国炖肉网"，专门提供烹饪实验配方有关信息。还有些数据库网站，独一无二的实用功能为报纸带来黏性，成为核心资源。人民日报历史内容，对于学习者和研究者为主体的用户来说便是一种核心资源——别人没有，有也没有人民日报的全面。构建集纳信息的收费平台也可亦形成核心资源，如中国知网，将分散开来的专业期刊、报纸的信息横向集纳，供研究、教学之用。

贺　蕾：我觉得除了内容之外，形式也很重要。换言之，竖起怎样一个"付费墙"也大有讲究。《纽约时报》的"付费墙"看起来更像是个"篱笆墙"：既围住了整个纽约时报网站内容这个"庄园"，又有意或无意地留下了一些"漏洞"。"篱笆墙"是一种"设限免费"（free up to a point），即，该报的网站内容在一定数量之内始终是免费的，超过这个限度才收费。另外，通过一社交网站链接到纽约时报网站不收费，在一定限量内还可以通过搜索引擎免费链接到《纽约时报》网站。《纽约时报》有意识地在"墙"上"留洞"的意图在于，使有兴趣读报却不愿意付费的读者仍然可设法看到其想看的内容，在推广订阅的同时，又保证网站流量不会出现"断崖式"下降。这一模式似乎更加可行，《洛杉矶时报》网站收费模式是"新订阅计划"，每位网络版读者每月可免费阅读和下载 15 篇文章。如想阅读更多的文章，必须加入该计划。人民日报 2010 年尝试网络版收费，建起"水泥墙"——凡看必付费。几个月后，改变策略，建成"篱笆墙"：当天的报纸可以免费看，以前的报纸 5 版以后需要付费。

夏德元：通过以上交锋，我们不难看出，报纸网络版收费若要成功实施，关键取决于两方面因素，一方面在于是否具有精准的用户定位，另一方面是否能够针对用户需求提供不可替代的信息服务。

吴华清：不仅如此，报纸网络版还必须考虑到报纸网络版收费成功实施是否确实达到了降低成本增加收入的目的，对用户而言，付费的方式是否便捷，价格是否可接受等诸方面的影响因素。

贺蕾：总之，报纸网络版收费不可一概而论，不同的报纸可根据具体的情况确定是否实行网络版收费以及如何收费。报纸网络版收费能否成功实现的关键还在于报纸网络版是否能精准定位用户并为用户提供不可替代的针对性优质信息服务，能否有效细分用户市场，达成两次售卖的最佳平衡。

夏德元：总结得好。

（本文原载《传媒评论》2015年第1期，收入本书时略有补正。）

新闻报道动辄得咎:专业失准还是道德失范?
——与闻学峰、王宇的对话

夏德元: 最近,柴静在离开中央电视台一年后,突然携一部新闻调查性纪录片《穹顶之下》高调亮相互联网,该系列视频节目上传48小时之内,点击观看量就超过亿次,并立即引起了赞同和反对两派网民之间激烈的口水战。

在对视频节目持否定态度的网民中,指摘其专业素养欠缺者有之,质疑其行为动机不纯者有之;更有甚者,甚至怀疑其人格者亦有之。对于一部涉及大众敏感神经的片子上传到网络后会引起争议,柴静应该会有心理准备;但是竟然遭到近乎"阴谋论"的指责,恐怕是她始料未及的。来自各种立场的对一个新闻人的单兵作战成果的如此残酷的围剿，也令许多新闻从业者寒心。这件事再次警示我们，对新闻从业者的职业地位和伦理处境不能不做深刻的反省了。不知两位对这个问题有何感触？

王　宇：这让我想起这个新年到来之际发生在外滩源的那场惨剧及其新闻报道引起的舆论风波。2015年的跨年夜如期而至，在上海，忙碌了一年的人们热情高涨地商讨着各种出游的计划，微信朋友圈里的庆祝与晒图也是此起彼伏。让人们意想不到的是，几小时前备受推崇的外滩亮灯仪式，却成了新年夜跨不过的阴影。很快，有关上海外滩踩踏事件的新闻陆续出现，伤亡人数不断更新，事件过程进一步还原。此次踩踏事件中受伤与遇难的大多数是年轻人和学生，互联网的高度发达、年轻人对新媒体的广泛运用，使得媒体记者很容易就从伤者与遇难者的社交网站上获取较全面的个人信息，随之，遇难者的私人消息被公开发布与报道。其中，在事故中丧生的复旦大学在读学生引起了人们广泛的关注，再次掀起了人们关于媒体记者新闻专业主义与新闻伦理的质疑。

夏德元：这件事对我触动很大。因为那个跨年夜我正好有一堂课，一些学生因为要到外滩体会过年的气氛，竟然没来上课。学生的缺席并未让我介怀，但晚间从微博上得悉发生在那里的踩踏悲剧后，我却难以入眠，不禁为当晚赶去凑热闹的同学担心。还好，第二天一早就收到了同学们报平安的信息。悲剧固然让人痛心，被报道者与报道者之间的"反目成仇"同样让人揪心。

闻学峰：我认为，出现这样的局面，与传统媒体人近年来在生存压力下的欠佳表现有关。传统媒体尤其是报业走向衰落已成为不争的事实，其主办的新媒体尚未找到有效的赢利模式，未能对传统媒体形成经济上的反哺。面临生存和发展的巨大压力，一些传统媒体及其媒体人为了赚取眼球或经济利益，往往会自觉不自觉地淡化新闻伦理意识，丢掉新闻职业操守。近年来发生在传统媒体身上的多起有悖新闻伦理的事件，如21世纪传媒涉嫌新闻敲诈案、深圳晚报记者潜入太平间偷拍姚贝娜遗体事件等，尽管其背后因素错综复杂，但不能说与传统媒体经济不景气、生存发展压力过大完全无关。

夏德元：学峰的意思是不是说，新闻从业者的表现有失水准，尽管有悖新闻伦理，但多少还是情有可原的？

闻学峰：我当然不是这个意思，不管形势发生什么变化，面临多大的生存压力，新闻从业者都没有理由降低对自己职业的专业要求。如果说传统媒体在报道实践中的"失格"是迫于生存压力，那么某些没有生存危机的新媒体同样会为片面追求人气、流量、粉丝数、知名度，力图博出位,再加上传播流程不健全等因素,在传播过程中逾越新闻伦理。

王　宇:我不能完全认同闻老师的观点。我觉得新闻报道中的失误未必都能做道德的评判,而往往与新闻从业者对所谓"新闻专业主义"的片面理解有关。作为来自西方的舶来品,"新闻专业主义"要求记者以客观、真实、准确的态度去报道事实,挖掘事实的真相,把事实的原生态展现在读者面前。但是社会生活的伦理问题也常常成为新闻工作者无法逾越的屏障。媒体记者对外滩踩踏事件遇难者生前微博内容的登载,在唤起读者共鸣与同情心的同时,也再一次揭开遇难者亲人的伤口。2009年新修订的《中国新闻工作者职业道德准则》强调,维护采访报道对象的合法权益,尊重采访报道对象的正当要求,不揭个人隐私,不诽谤他人。即使新闻专业主义要求记者把事实的原生态呈现给读者,但是拿事故遇难者私人信息的细节做文章,却是赤裸裸的通过揭露个人隐私的方式,博取最大化的传播效应。

夏德元:我理解王老师的意思了。就是说,某些看似道德的问题,其实也许是一个技术或艺术的问题。因为技术操作流程不科学不严格,驾驭报道题材的艺术欠佳,表现在报道有上瑕疵,从而引起公众不适,乃至对当事人的感情造成了伤害，最终由技术问题演变为道德问题。如果要追根溯源，还是专业素养的欠缺。

王　宇： 如果说外滩踩踏事件中对遇难者私人信息细节的发布还最终是报道内容的欠妥，那么在外滩踩踏事件半个月后，有关歌手姚贝娜病逝的报道中，个别媒体记者扮演的就是更不光彩的角色。歌手姚贝娜病逝后，微信朋友圈里几乎被姚贝娜的黑白照片刷屏，人们纷纷表达着对姚贝娜早逝的悲伤与惋惜。随后，一篇题为《记者们在病房外，焦急地等待着她的死亡》的消息取代了姚贝娜的黑白照片，在朋友圈里快速传播，迅速激起了受众的愤怒。报道公众人物的死亡向来是敏感话题，但是个别记者为抢新闻、博眼球，干扰医院的正常工作，却值得引起新闻业者对自身专业操守的检讨与反思。

夏德元： 如此说来，那新闻工作者要怎样改变这种动辄得咎的被动局面呢？

闻学峰： 当下，传统媒体与新媒体融合发展已上升为中央的大政方针，成为国家的一项重要发展战略。不过，当业界和学界在探讨这个问题时，焦点多集中在平台、渠道、终端、用户、赢利模式等经营管理层面，专门涉及新闻伦理的似乎并不是很多。殊不知，在传统媒体与新媒体融合发展的环境下，媒体内容往往是多次、多平台、多介质和多渠道传播的，媒体一旦发布有悖新闻伦理的内容，其传播范围往往会更大，所产生的负面效应也可能会较以前更严重。因此，要推动传统媒体与新媒体融合发展，就决不能回避加强新闻伦理建设的问题。

王　宇：所谓新闻伦理，其实是随着新闻传播活动的不断发展，逐渐形成的。新闻伦理是新闻记者以及所属的新闻机构在新闻传播活动中的价值取向和道德标准，也是其立身之本。所以，说到底，仍然是专业素养的问题。新闻传播机构在播出新闻之前需要在新闻伦理方面层层审核与把关，实际上也是用专业的眼光对采访活动进行审视。例如电视记者通过暗访的形式付费搭乘没有营运资格的个体摩托车，拍摄到乘客坐在非法运营的摩托车上风驰电掣的视野与感受的画面，这在电视台的新闻伦理审核机制中，将因为记者诱导个体摩托车主犯罪而遭遇禁止播出的限制。任何不道德的采编行为，必然首先是不规范的。这应该成为新闻从业者的共识。事实上，各行各业都不能完全以行业的专业要求为依据与借口，进而回避社会生活中每一个个体所需要承担的责任和应尽的义务，新闻工作者也不能以新闻专业主义作为挡箭牌而漠视新闻伦理和社会伦理的存在，新闻伦理与社会伦理同样是新闻工作者工作的要求与准则。

夏德元： 关于新闻伦理和专业素养，两位老师各强调了一个侧面，我觉得这很好。不知两位对改善新闻工作者公众形象有什么具体的建议？

闻学峰： 加强新闻伦理建设的路径有多种。我这里谈谈对新闻伦理建设的绩效评价与考核问题。这种评价与考核可以分为两个层面：一是各媒体上级主管部门对于媒体的评价与考核；二是各媒体内部的评价与考核。既然传统媒体与新媒体融合发展已经上升为国家的一项重要战略，有关党政主管部门将来应该会实施对各个媒体融合发展的绩效问题进行评价与考核。若真要实施这种评价与考核，建议把新闻伦理问题作为其中的一项重要内容和指标，并加大在评价与考核体系中所占的权重。其实，过去有关党政主管部门每年都会对各个媒体进行评价与考核，但媒体的新闻伦理问题似乎没有引起足够的重视，也未摆在一个很重要的位置。这种情况今后应逐步改变，否则，在主管部门之于媒体层面的加强新闻伦理建设很容易流于形式。

王　宇： 我主张要赋予新闻专业主义"人情味"。新闻记者面对姚贝娜病重的消息，该如何在医院守候与病人家属保持联系，面对复旦大学在读学生遇难的情况下，该以何种方式采访遇难者的亲属与好友，成为摆在新闻工作者面前的一个亟待正视与解决的问题。目前，各企事业单位的人力资源部门广泛针对在岗员工的职能情况组织相关的职业培训，人际交往的沟通能力、社会交往礼仪、员工心态塑造和危机情况的应对等课程都受到热捧，相关课程的后续反馈和调研，也体现出此类课程对员工心态、员工职业能力和员工绩效的提升都具有非常大的辅助作用。新闻机构也应该增强此类课程的职场培训，帮助新闻记者从一个良好的沟通者的角色出发，客观、真实、准确地报道新闻事件，促使新闻记者自觉遵守新闻伦理与社会伦理，在坚持新闻专业主义的同时也能够恰当地保持社会交往中的"人情味"。

闻学峰：对于各个媒体来说，在传统媒体与新媒体融合发展的环境下，媒体内部生产和经营的流程、平台、渠道等发生了颠覆性的变化，过去那套对于各个部门和采编经营人员的绩效评价与考核体系已经过时，需要构建新的绩效评价与考核体系。建议各媒体在形成新的绩效评价与考核体系过程中，应高度重视新闻伦理问题，强化对于各个部门及其采编经营人员的新闻伦理考核。过去我们在这个问题上做得很不够，对于那些有悖新闻伦理的现象往往比较轻忽，重视程度远不及美国等国家的新闻界。在美国，一家媒体尤其是大报和知名电视网若发生性质比较严重的违背新闻伦理事件，其当事人往往会为此离职，甚至有关主编、总编辑位置也难保。

夏德元：我注意到，闻老师对媒体融合发展环境下新老媒体人的新闻职业操守都很担忧，能就这个问题再谈谈看法吗？

闻学峰：为了适应传统媒体与新媒体融合发展的需要，目前不少媒体在内部都相继开展了包括新老媒体人在内的全员培训，但这种培训多偏重技能方面。比如，对于传统报纸采编人员的培训重点是视频的摄制、互联网与移动新媒体的基本技术操作等；对新媒体人员的培训除了互联网与移动新媒体技术外，采写编评摄等新闻业务层面的技能往往也是重要培训项目。至于新闻职业操守（新闻伦理）方面的内容往往涉及较少，即便被列为培训项目，往往也非培训重点，而是被"轻轻带过"。从 21 世纪传媒涉嫌新闻敲诈案、深圳晚报记者偷拍姚贝娜遗体事件来看，即便是受过多年专业训练的传统媒体人，其新闻职业操守仍可能存在着较大问题，需要经常被警示和接受培训。对于那些受过新闻专业训练相对较少的新媒体人来说，更是如此。如前所述，强化对新老媒体人的新闻职业操守培训是传统媒体与新媒体融合发展的主客观要求，是各媒体新闻伦理建设的重要环节。

王　宇：这个对我颇有启发。闻老师有何具体建议？

闻学峰：各媒体在强化新闻职业操守培训的过程中，除向新老媒体人灌输我国通行的新闻职业道德规范外，也可以此为基础并结合自身实际，尝试建立自己的新闻职业自律规范体系。在这方面，台湾 TVBS 电视台的做法可供我们参考和借鉴。该台的《新闻自律规范》由"TVBS 新闻十诫""TVBS 新闻道德与采访守则""TVBS 新闻审查流程""TVBS 新闻自律咨询顾问会议组织章程"等部分组成。其中，"新闻十诫"是对新闻传播的原则性规定，诸如"生命安全第一，新闻采访第二""反复查证真实为上，绝不伪造作假""不得造成受害者及其家属的二次伤害"等。"新闻道德与采访守则"是更为细化和具体的规范，共分 20 多个章节。其余各部分的规定也都非常清晰、具体，可操作性较强。各媒体建立自己的新闻职业自律规范体系，不仅可以使新闻职业操守的培训有"章"可循，也可用其规范和约束采编经营人员的日常工作行为，还可以将其作为媒体内部新闻伦理建设绩效评价与考核的重要标尺，使评价与考核工作有"法"可依。

（本文原载《传媒评论》2015 年第 3 期，收入本书时略有补正。）

新闻专业第一份工作是否可以是新媒体?

——与罗锋、蒋为民的对话

夏德元:《中国青年报》编委、首席评论员曹林最近发表了一篇题为《学新闻的第一份工作别去新媒体》①的文章,一时间,高校新闻专业毕业生选择进传统媒体还是新媒体成为新闻传播界热议的话题。不知两位怎么看?

罗　锋:新闻专业第一份工作选择去哪里,是去传统媒体还是去新媒体,抑或选择一个与新闻并无多大关联的其他行业,这原本都不会成为一个社会议题,无论做出何种选择其实都无可厚非。但曹林的这篇文章发表后,似乎

---

① 曹林:《学新闻的第一份工作别去新媒体》,http://nows.sina.com.cn/zl/zatan/2015-04-16/14573566.shtml

确实变成了一个问题。在曹林看来,新闻专业毕业生若去新媒体,只会被当成"人手",学不到东西,不像传统媒体那样在认真做新闻中积累经验和闯江湖地位。在他眼中,新媒体从业者缺少的恰恰是新闻的魂。

夏德元:您的意思是不是,曹林成功地设置了一个议题,使一个潜在问题或者干脆就是一个伪问题进入了人们的视野?

罗　锋:也不完全是。但是在我看来,曹先生的分析文章更像是一篇观点鲜明的评论,同时却又透出难入其法眼的网络新闻风格,观点鲜明到有些标新立异。其实,我们也完全可以反问一句:新闻专业第一份工作为何不可以去新媒体?在新媒体里面难道只是充当"人手",无法积累新闻经验和"江湖地位"?

蒋为民:这是一个真问题,但我的答案与曹林截然不同。学新闻专业的第一份工作,是否可以是新媒体?这个问题的答案实在太简单了:当然,肯定以及必须。理由很简单,未来的新闻传播形态本身已经没有新旧媒体之分,只有传播介质、渠道和传播方式的不同,在我看来,还在提"新媒体"这个概念的人一定是传统媒体从业者或传统媒体的忠实受众。

夏德元:蒋博士的意思是说,把新媒体与传统媒体对立起来讨论问题，恰恰是一种落伍的思维，罗老师怎么看？

罗　锋：毋庸置疑，工作选择无法忽视宏观社会背景。就新闻业而言，我们现在之所以讨论去新媒体还是传统媒体，恰恰是因为我们的社会语境、职业空间和生存土壤已经并正在发生巨变，所以讨论的前提是要认清这一社会结构层面的变迁。当下90后新闻专业毕业生与70、80后毕业生有着显著区别，有人将90后形容为"数字原住民"，70、80是"数字移民"，言下之意就是90后对于新媒体运用具有与生俱来的亲近感，这或许还不是最重要的区别，最明显的区别在于互联网给新闻业带来的结构性变化。传统媒体发展总体上呈式微态势，版面缩减，发行量与广告经营不断下滑，几乎所有的传统媒体在今天都要面对如何转型这个命题。这一结构性转变可以说正在重构现有新闻业生态，传统新闻业引以为豪的渠道优势和内容优势遭到挑战。但凡对现实保持最低限度的敏感性，从一个"理性人"角度来看，当下选择入职新媒体恰恰是一个综合权衡后的最优选择。

夏德元：如此说来，真如两位所言，新闻专业的大学毕业生都应该去新媒体，那么，传统媒体岂不面临着人才枯竭的窘境，如何才能起死回生呢？

蒋为民：也不必那么悲观。我们这里讨论的是新闻专业毕业生的第一份工作，而不是讨论的终生工作。既然是第一份工作，就是为未来的终生职业铺垫的基础。所谓新媒体，大约是指基于互联网和移动互联网传播的媒体组织，从最早的门户网站，到后来的论坛、BBS、社交网站、客户端、视频网站、微博、微信等到今天的H5页面，并且其渠道和产品形态还在新增。就算我们视野再封闭，大约也可以知道，这些在传统新闻人眼中的新媒体，已经逐渐成为全人群接受信息的主要渠道了。这才是朝阳产业，这才是主流，当然要去。当今，媒介融合成为普遍现象，媒体多元化共生，传统媒体转型或走向互联网＋的时候，他们需要的也正是在"新媒体"浸润过的媒体人。

夏德元：您的意思是说，新媒体比传统媒体更能培养造就新时代所需的新闻人才，不管他将来是继续从事新媒体事业，还是回归传统媒体，是这样吗？

蒋为民：可以这么说。既然学了新闻专业，大部分人的职业或事业方向恐怕就是在传媒行业里争得自己的一席地位。如果说媒介融合时期，第一份工作选任何媒体组织都是给未来打基础，那么，在所谓"新媒体"组织里至少可以接受和理解"用户第一"的互联网思维，这对于未来做任何具体工作都是至关重要的哲学前提，所以当然要去。假如说，传统媒体讲究的是"内容为王"，尊重的同样是"受众法则"，但是，像纸质媒体那样，由于其生产组织流程和传播介质的局限性，使他们无法第一时间获取受众反馈；即便是广播、电视媒体，虽然可以做到第一时间、第一现场的传播，但是，由于传播特质的一对多和单向属性，加之体制内的传统媒体更有着"宣传工具"的惯性思维，其层层审批、主编为王的系统已经完全无法适应现代传播的环境。年轻人到了那样的媒体，可以充分锻炼自己的唯有写作或者节目制作两方面的能力，但是，不是每个人都有机会获得这样的岗位。在"新媒体"行业里，每个媒体组织都需要新兴手段组织内容生产以及传播内容，而在中国的新闻传播学院里，课程设置所体现的行业认知基本上还处于10～20年前的阶段，如果毕业以后的第一份工作能够在实际工作中被要求学习到新技术、新技能、新产品，比如网页制作、社交传播、口碑营销、公众号运营，这是何其有用的知识与能力，所以当然要去。而且，"新媒体"的发展速度基本上是三至五年为一个时代，在这些媒体组织里，每天都接触到创新的理念和知识，这种学习的过程被称为"边干边学"或"边学边干"（learning by doing），通常是属于拿着薪水学习的美事，而练就的是传媒人的真功。

罗　　锋：当然，从某种角度来看，采写编评等传统新闻技能在互联网的冲击下，的确有点像一门失传手艺。但这要看怎么分析，这背后有其历史原因。以新浪为代表的曾对中国网络新闻发展产生过重要影响的一批综合门户网站从一开始便未获得合法的采访资质，做信息的搬运工、剪刀手重新编辑自然成为此类网站几乎是唯一的新闻操作手法。这其中，的确很难完成像在传统媒体中经历那种严格的新闻流程，这就像曹林所说的那样，很难找到真正的做新闻的感觉，没有传统新闻生产的一套基本功，卖萌耍宝、标新立异、刺激眼球、幽默搞笑只不过是些杂耍而已。但这些新闻生产层面存在的问题不唯独新媒体所有，前面提及的这些问题，同样存在传统媒体身上。换个角度来看，新媒体平台完全可以生产出高品质内容。像腾讯财经的棱镜栏目、财新网的数据可视化内容，包括网上流传的《搜狐内部编辑手册》等，这些都是高品质的网络新闻内容和网络新闻较为成熟的操作规范。我平时关注影像类栏目较多，像新浪《看见》、腾讯《活着》、凤凰《在人间》，包括新浪安徽一档本土纪实图片栏目《影像安徽》，这些图片专栏，无论是影像技术水准，还是选题所蕴含的社会诉求，包括这些栏目的运营和影响力都远超传统媒体中的报道摄影。在当下，随着渠道垄断和内容生产垄断被打破后,很大程度上,信息供给过剩,如何将内容推至终端成为任何一个媒体必须面对的问题。信息产品已经不再是一个单纯的生产概念,信息产品的包装、组合、推广、线上线下活动都构成了一个完整的新媒体环境下的信息链条,我们看到很多媒体内部组织架构中已设有运营总监一职。从这个角度来看,今天的新闻业一线的变革更符合高校"新闻传播学院"这一称呼,工作内容从此前侧重于新闻到今天新闻与传播并重,这不得不说是一个进步,也更进一步召唤"复合型人才"培养之趋势。就此而言,新媒体无疑是再自然不过的选择。

夏德元:看来,两位在一些重要问题上达成了惊人的一致。作为对话主持人,我甚至觉得这样的对话对引出这个话题的曹林先生似乎有点不公平了。

罗　锋:我不这么认为。换个角度看,我们今天的对话未尝不是对曹林先生的致敬。曹先生《学新闻的第一份工作别去新媒体》的观点不免有些偏颇,但其对于新闻的情怀与立场依然值得关注,文章最想表达的还是担心新媒体工作环境给初入者带来不切实际的浮泛作风,在一个具有各种可能性的格局当中因自己浮躁和不扎实的基本功失去最佳的成长机会。因此,新闻专业第一份工作到底是进传统媒体还是新媒体,这都不是问题,就像我的一位学生在微信留言所说的那样:"这种辩论其实没有必要,各取所长,禁锢思维的不是所处的环境,而是自己的眼界,不论到哪,媒体人的节操不能丢!"

蒋为民: 诚然,第一份工作选择新媒体,有利也有弊。通常情况下,一旦选择新媒体,你就必须浪费大量时间在网上,成为一名重度用户才可能胜任工作。如果你是一个学习勤奋却不大上网以及因为各种原因对网络文化不甚了解的学生,那么"新媒体"不是第一份工作的好选择。如果你有一个关于精英媒体人的梦想,不希望迎合普罗大众的低俗;或者是一位信仰正统新闻观、鄙视"新媒体"鱼龙混杂局面的学生,那么已经拥有千万用户以上的"新媒体"不适合你,为了博取流量,你很有可能沦落为一名"标题党"和"剪刀手",却没有增长创造价值的能力;如果你有精英梦,你或许可以在小众的道路上选择一下不同渠道的媒体,或者传统媒体里的"新媒体"部门,甚至更大胆一些,可以尝试自媒体,只为和志同道合的人分享。新技术的背后如果没有人文精神的支撑,常常会变成另一种工具和奴才。毋庸讳言,随着科技的高度发达,现代人正在衰退的恰恰是一种植根于精神世界的力量。如果喜欢阅读经典并维护经典,那么你不必为了一份薪水赶时髦,去不去"新媒体"都以不损害自己的内心偏好为前提；一条路走到极致，无论哪一种媒介或工具出现都将无碍于真正的价值传播。年轻、民主、高效是新媒体企业的集体文化，但高效率的代价往往是高淘汰率。如果你的个人能力没有达到公司诉求，那么半年内、甚至试用期内就让你卷铺盖走人的节奏也是很正常的；或者，你什么都没做错，只是公司策略出现了调整或任何其他原因，你发现自己无情地被炒了。

（本文原载《传媒评论》2015年第5期，收入本书时略有补正。）

微店微商有前途吗?

——与相玉红、李华强的对话

夏德元:据中国之声《新闻晚高峰》近日报道:在上海嘉定某高级中学,有高一学生偷偷加入创业大军,和朋友一起开起微店,专做韩国日用化妆品。别看他年纪小,经营却有一套,每月竟能赚上万元。为了创业赚钱,他屡屡旷课,他的行为自然引起多名任课老师的"投诉",有的老师甚至提出学校应该让其退学。但是经过讨论,该高级中学做出了一个颇有争议的"创举"——按照这位同学的兴趣与意愿,定制一张个性化课表,但同时也要争取能通过高中学业水平考试。两位怎么看?

相玉红:我也注意到这个新闻,并且对学校的大胆创举表示赞赏。当然,对该校校长的纠结也颇有同感。"如果让这位同学退学，自然就少了许多麻烦，但这个孩子以后的路很可能会越走越偏；如果让他继续留在课堂里，不仅会激起他更严重的逆反厌学情绪，也会影响到班上其他同学。"这样的现象已经对现有的教育体制提出了严峻的考验，无疑值得我们每一个教育工作者深思。虽然从总体上看，高中生创业赚钱不值得提倡，但学校定制个性课程表的做法契合了高考（精品课）改革后满足学生个性化需要的方向，不失为一次好的探索。

夏德元：这当然是个极端的例子，学校的处理也颇有些"出格"，恐怕不是每个中学生、每所学校可以效仿的。其实，我更关心的是，作为社交工具的微信、微博等媒体平台，是否适合用来从来商业活动？

相玉红：这倒是个问题。利用网络熟人圈子进行类似直销的商业活动，确实是社交媒体兴起后才出现的，但是，其实质不过是一种由来已久的口碑营销。市场调研公司福雷斯特公司分析师扎卡里·瑞斯·戴维斯指出："当你想买新东西的时候，你在网络上认识和尊敬的人会成为你最重要的发现来源。"口碑营销并不是什么新生事物。早在二战期间，为了节约粮食支援前线，美国就形成了一种鼓励人们多吃动物内脏，把最好的肉留给前线军人的风气。心理学家库尔特·勒温发现，当时留守后方的妇女们通过互相之间的谈话，其中很多人改变了不吃动物内脏的习惯。另一个经典的例子是特百惠（Tupperware）。它也不喜欢打正式广告，而是通过举行派对的方式进行口碑营销。这家公司经常会把一些亲朋好友组织起来，在非正式的家庭聚会上宣传自己的产品，最终发展成了一个家喻户晓的品牌。据瑞斯·戴维斯表示，口碑营销的新趋势是，不少公司正在打造有组织的口碑营销活动，使人们更容易把产品推荐给网上和网下的熟人，而且还会与他们进行探讨。

李华强：我们知道，最初的微商现象通常发生在朋友圈内部，是基于信任和情感基础的信息传播和购买行为，可以说具有自发性和自愿性的熟人圈传播，是基于社交网络关系的社群电商（社交电商）模式。它的特点是，经营行为与交往行为有机地融为了一体，或者说，经营行为成为交往行为的组成部分。

夏德元：这确实是一个比较新颖的观点，道出了微商模式与传统电商模式的重要区别，也许是最本质的区别。我的疑问是，在商言商，朋友圈里的商品营销是否会给朋友之间的友谊带来一些负面影响呢？

相玉红：曾几何时，社交化电商一度被认为是电子商务平台的未来趋势，能否冲破第三方平台的流量分发瓶颈，关键就在于社交电商了。然而，一年多来，社交电商的概念很少被提及了，反倒是朋友圈电商、人人电商、微店等依托微信社交生态产生的"微商"引起了社交震荡。在朋友圈卖面膜、卖眼睫毛、卖女装、卖佛珠还有一些做海外代购的生意越来越多，单月流水竟可达到数十万万元乃至上百万万元的水准，制造了一个个创富神话不说，更是释放了大众对于微商美好未来的全部想象。但好景不长，最近微商陷入了"传销化"的舆论炮口之下。既然有传销之嫌，就意味着朋友圈内的营销可能背上杀熟的恶名，这对自古信奉"君子之交淡如水"的国人，无疑会造成心理上的巨大冲击。

李华强：我觉得，将朋友圈内的经营活动一概称之为"传销"并不合适，因为传销是直接以发展"人头"下线来非法获利，微商的内核毕竟还是商品本身，只不过是在商业模式上有所创新，从而被贴上"传销"的标签。我们知道，传统的金字塔层级化代理制是投机式的、冰冷的，是与熟人圈相抵触的。传销式的微商，应该是暂时的乱象，相信随着监管力度加大以及大品牌的介入，微商的模式会更加成熟和理性。渠道红利只是短期的，最终会回归到商业的本质，即落实在品牌建构和产品创新上。

夏德元：二位能否结合实例，谈谈微商究竟是否可行？在哪些人群中可行呢？

相玉红：我的一位朋友是高校教师，她在大学讲台上讲授社会学，是社会问题专家，公开学术活动频繁，热心公益事业，交游十分广泛。一年前开始，她在朋友的鼓励下，尝试在朋友圈介绍她所了解的茶叶、当代艺术作品和手工艺品，颇受朋友欢迎。可是，没出数月，她的微商行为受到学校领导的严厉批评，认为她这是不务正业，并告诉她，如果缺钱，可以去申请科研经费云云。迫于压力，她只好放弃了。我举这个例子是想说明，不管是出于什么原因，微商并不适合所有人。矛盾之处在于，根据现有的经验，要想在朋友圈取得良好的经营业绩，没有一定的社会地位是很难的，而事实上，他们的微商活动，恰恰是最容易招致非议的。

李华强：我认为，除了公务员之外，所有网民都可以利用业余时间从事不侵害公共利益的微商活动。互联网对人的解放是多方面的，也应该包括对商业生产力的解放。既然总理在多种场合号召"大众创业，万众创新"，我觉得微商就是大众创业的一种值得提倡的形式。

夏德元：看来，李老师对微商是抱鼓励态度的，那么，您认为微商与传统商业模式相比，有哪些优势呢？微商发展的前景如何？

李华强：我支持全民微商，但是因为社交媒体有其自身的特点，所以目前阶段我认为并不是所有商品都适合微商。微商中的凝聚力体现为意见领袖的"口碑"及其人格魅力，所以比较适合与内容联系起来的文化类、情感型的消费满足。我个人觉得做得比较好的像"罗辑思维""微信书"等……基本上是以文化认同和情感依托为纽带的。另外，由于传统零售商、电商依旧强大的势力，微商没必要承担起商业流通的全部流程，而只需要发挥其专长，承担部分的环节即可，即主要是品牌和文化传播中的信息分享和交流。

相玉红：我倒没有那么乐观。在微信社交平台成长初期，尝试做微商的人比较少，贴近商业本质，整个微商生态较为良性，确实有不少微商主赚到了钱。但随着微商创业者的鱼龙混杂汹涌而入，竞争者多了，卖同一品类的微商面临着残酷的竞争，有不少微商主急功近利，弄虚作假，把这个微商生态搞坏了。一开始，社交软件还是个比较新鲜的产物，朋友圈里出现个别做生意的个人，只要不是严重刷屏，大家还是能容忍，而如今微信生态成熟了，熟人圈关系基本确立了，大众对朋友圈充斥的太多刷屏买卖比较反感，遇到了就会自动屏蔽，很多微商主前期积累下的社交关系链中有效用户占比越来越小。另外，过去借助微信平台做生意,微信官方的态度还比较暧昧,但随着微商生态的恶化,不得不实施一系列平台政策进行压制,比如限制微信公众账号引导式分享、限制微信好友5 000人上限、加强举报处理等。这些都使得微商注定无法走得更远。

(本文原载《传媒评论》2015年第7期,收入本书时略有补正。)

媒体"中央厨房"利弊得失
——与施宇、叶青青的对话

夏德元：随着传统媒体与新型媒体融合发展工作的推进，一些媒体机构先后进行了内容生产机制和新闻采编发布流程的改造，其中有一种尝试被形象地称为"中央厨房"。这种新的模式刚推出不久，有些问题还有待探索。根据两位的理解，"中央厨房"到底是一种什么样的内容生产模式呢？

施　宇：我觉得，媒体"中央厨房"的设置实际上是媒体为了实现媒体融合进行的创新，是媒体在内容生产方式和流程上的再造和重构。它的运作模式是一次采集，多平台发布。它的主要特点是整合、共享、互通。

叶青青：我刚从国外访学回来不久，接到夏老师有关新闻机构"中央厨房"的评论话题一时颇为陌生，百度一下才发现这个词不仅是当前中国学界各种有关媒体转型、媒介融合话语的中心热词，而且也是从中央到地方各级媒介积极践行的一项新业务领域。尤其是在今年的两会新闻报道中，"中央厨房"不但是人民日报、新华社等国家级大媒体推出两会报道的新平台，也是诸如大河网、东方网，山西、成都、浙江、广州等地方各级报业集团重磅打造的新闻采集、加工制作和发布的新模式。这股空前高涨的媒体转型热潮一下子就让我联想到十多年前举国媒体对于开展集团化改造，力争打造世界级新闻航空母舰的热情。有媒体老总在讨论媒介融合的研讨会上提出"拆小灶建大灶，打造全媒体中央厨房"的口号，听起来也总是与当年媒体集团化的改革举措似曾相识。

不难发现，媒介组织一拥而上、争先恐后地拥抱这一新概念的热情，应该是源自当前媒介市场竞争中，新闻媒体特别是传统媒体在转型过程中为应对新媒体的挑战而做出的选择。梳理一下各家媒体对于"中央厨房"的认识，可以看到"一个产品，多个出口""一次采集，多次生成""一次采集，多渠道发布"是其中出现频率很高的关键词。在这样的新闻加工平台上，传统采编人员将变身为专业化的全媒体战队，媒介组织也通过有效地整合其人力、信息、渠道等各方面资源，使传播效果最大化。

夏德元：这么说来，"中央厨房"也不是一夜之间冒出来的新鲜事物，而是传统媒体在经受了新媒体冲击后酝酿已久的自救计划了。两位以为，这一自我拯救计划有何优长，是否能实现其自我拯救的初衷呢？

施　宇："中央厨房"的打造是传统媒体和新媒体融合发展的创新探索，作为一种新闻采编模式的新尝试，我觉得它有这样几点优势和好处：

一是可以充分整合和挖掘新闻资源。"中央厨房"模式对新闻流程的采、编、发有着更高的要求。首先是采，要求前线记者集采、写、摄、录、编和各种新技术运用、新设备操作等多种能力于一身，广采多收。其次是编，要求编辑对记者的素材，利用多媒体新技术，进行多角度、多层级的加工和开发，制作出一道道新闻大餐。最后是发，多渠道、多平台、全方位推送发布。

二是可以增强和提高传播效果。传媒集团各媒体的资源共享、联动互通，能够形成强大的舆论氛围和立体化报道的态势，扩大传媒集团的影响力，增强传播效果。

三是可以节约和减少采编成本。传媒集团在"中央厨房"模式下，各媒体可以统一协调组织，过去是各自为战，现在是协同作战。过去是每个媒体都派记者，现在是整个集团派一个记者就行了,这就大大节约了采编成本。

叶青青:"中央厨房"这一模式确实有节约媒介产品人力、时间、经济成本的优点,但是,真的按此思路执行,出现产品内容的同质化似乎是一个不可避免的结果。作为连锁餐饮企业在提供标准化、规模化的食品加工和配送过程中推出的一种企业管理模式,产品在质量、口味甚至包装上的统一性是"中央厨房"的最大特点。将这一概念移植到媒体融合与转型上来,强调的也是共享机制。因此,作为掌握内容资源优势的新闻媒体,如何结合技术与渠道,在适应新的新闻生产环境与规则的同时,又保持声音与意见的多元化市场,会成为一个较难实践的命题。毕竟在基本素材内容相似的情况下,要做出色香味都不同的新闻大餐,仍是一种理想化的追求。只有随着采访的不断深入和新闻事件的自身发展,不断补充更新的新闻内容,才能无限接近事件的真相,而这些都不是"一次采集"就能完成的。

夏德元:青青提出了很好的问题,就是"中央厨房"作为一种比喻,是否能够在饮食服务业与内容服务业之间平滑地切换。按照列宁"任何比喻都是蹩脚的"说法,"中央厨房"用在新闻生产领域真的有其扞格不通之处吗?

施　宇:确实如此。正如叶老师所担心的,在新闻实践中，我觉得媒体"中央厨房"的模式和采编解决方案还有许多矛盾需要解决。

一是新闻的同质化与独家报道的矛盾。我们的媒体特别是传统媒体常常以独家报道、独家新闻作为自己的竞争优势。那么在"中央厨房"模式下，这种"独家"的优势就没有了，新闻同质化的问题会越来越突出。因为"中央厨房"强调的是共享，是互通有无，是共有而不是独占。虽然介质不同，媒介形态不同，但内容是相同的，满屏、满眼都是一个内容，那受众情何以堪。一个传媒集团的各个子媒体之间以前各有自己的竞争优势，如果全部的新闻资源都整合共享了，那各自的竞争优势如何保持？

二是原材料单一与产品多样化的矛盾。从目前一些媒体"中央厨房"的运作实践看，是用同一种原材料加工生产出各种不同形态的产品，供多种形态的媒体选用。也就是说，一个记者采访的信息，送到"中央厨房"后，经过"中央厨房"不同的厨师（编辑）通过一定的技术平台加工编辑后，形成多样化的产品，来供报纸、期刊、网站、手机报、电视、广播、微博、微信、客户端等各种各种媒体和传播形态使用。但是，反过来说，不同的媒体有不同的传播形态，不同的媒体有不同的传播内容。多样化的传播形态和内容，要求的新闻素材也是要有差异性的，而单一的素材很难满足这种多样化的需求。就好比说这一个苹果，榨干榨净，能出多少水？另外还有一个问题，常言说，众口难调。一个记者再全能，也很难游刃有余、驾轻就熟地完成这种高难度的采访任务。在这种模式下，对于突发事件或需要滚动发布的新闻，要求记者先发快讯给手机报，再写消息给网站，如有可能还要求配发照片和音视频。最后再写一篇详细的报道给报纸版面。这样一来，记者的压力可想而知，记者会经常被各平台的编辑指挥得团团转，手忙脚乱，叫苦不迭，疲于应付，难以出彩。这实际上是重编轻采。

三是优势资源与低效益的矛盾。在信息多元传播环境下，不管"技术"与"渠道"如何强势，但"内容"依然"为王"，内容资源依然是传统媒体和新媒体的核心竞争力。而"中央厨房"的模式下，新媒体由于技术与平台的优势，比传统媒体要快一步，优先获得和发布新闻资源。这样优势的内容资源被新媒体抢先占有，传统媒体只能是炒冷饭，即使再加佐料，做深度、做延伸、扩大链接，也很难引起受众阅读观看的欲望。因此，对传统媒体的社会影响力就会形成消解。同时，新媒体目前尚未找到有效的盈利模式，成为传媒集团的经营收入的主渠道，也就是说，新媒体对优势资源的占有，并没有产生相称的经济效益和社会效益，一定程度上还影响了传统媒体的经济效益和社会效益，这就对以传统媒体为主要收入来源的传媒集团形成了巨大的挑战。所以，我们看到许多传媒集团对这种模式还是采取了比较谨慎的态度。

叶青青：我也这么认为。当前的新闻机构往往拥有一种以上的媒介产品，在传统的媒介形态如报纸、电视、广播之外，手机、网络、微博微信等客户端也是其内容输出的主要渠道。依照"中央厨房"的理论模式，如果同一个媒介集团的不同媒介形态实现互动和整合，发挥协同效应，把同样的信息包装成适合不同媒体的产品，一物多用，就可以相对节省成本，产生较大的规模经济效益。然而，对于坐在"中央厨房"的后台编辑来说，这一模式意味着编辑既要对一个记者采集到的信息进行技术加工，以供报纸、杂志、网站、手机报、电子杂志等各种媒体平台使用，还要对一个新闻主题进行多层次、多侧面的分析与整合，以形成不同的新闻视角和主题产品，从而使一次信息采集产生最大化的传播效益。结果就是，看似简化的信息采集成本将被繁重的信息加工成本所取代，因而违背了以统一性、标准化处理以实现经济效益为目的的企业管理精神。

如果不追求经济效益而只看重传播效果，"中央厨房"

将变成一种烧钱的"噱头",从中央到地方的各级媒体完全没有必要群起效仿,抓住自身的品牌特色,走"精(确)深(入)尖(锐)"的发展模式一样可以实现强大的品牌传播效果。

夏德元:按照两位的分析,轰轰烈烈的"中央厨房"运动岂非要叫停不成?难道没有破解之法吗?

叶青青:那也未必。其实早在"中央厨房"概念出现之前,不同的新闻机构之间已存在同质化的问题。比如本人老爸订阅了十几年的报纸,同时每天坚持看上海各电视频道的新闻节目,在《新闻晨报》《东方早报》和《新民晚报》轮番登场后,终于在今年做出了停止订阅的决定,原因就是报纸上的新闻和电视里基本重复,今后看电视就足够了。而对手持各种移动终端的年轻人来说,相同的新闻内容,读报纸新闻或者看电视新闻显然都比不上手机终端的各种新媒体平台推送的新闻产品来得快捷、方便,由此导致传统媒体的年轻受众群体流失严重。也就是说当人们接触不同的信息输出端口,却发现接收到的信息内容基本一致时,对媒介的新闻生产能力就会产生质疑和反感,从而选择自己最熟悉、最经济或者最便捷的一种媒介形态。

因此,保持不同媒介形态的新闻专业特色,强调对同一新闻内容的多元化生产与发布,应该是"中央厨房"的重心所在。一次采集后,不仅是多次发布、多渠道发布的问题,而应该是多元化生产与加工的问题,就像被"中央厨房"提倡者多次提到的"波纹理论"所描述的:一个事件的发生犹如投石入潭,不同媒介形态像水波纹一样一圈一圈地荡漾开去,环环紧扣,充分发挥不同媒介的新闻专业特色,形成一个完整的报道体系。那么新闻机构的"中央厨房"概念就不仅仅是一个内容共享、节约新闻生产成本的管理模式,而更是新闻产品的加工与配送过程中如何实现媒介特色的个性化新闻生产过程。

夏德元:谢谢两位的真知灼见。

(本文原载《传媒评论》2015年第9期,收入本书时略有补正。)

众筹新闻:新在何处?能否救新闻?
——与肖鸿波、戴焱淼的对话

夏德元:2015年10月31日的《南方都市报》发了一条有关众筹新闻的新闻:《福利到!第三期南都众筹新闻获奖名单出炉》,这期众筹新闻的主题是《珠海停车场乱象调查》,筹资目标是100元人民币,结果筹集到165元,号称完成度达到了165%。同时发布了一条预告:《众筹新闻:揭秘珠海新生儿救护车下周五见》。两位怎么看?

肖鸿波:看到这条新闻,我只能呵呵了!

夏德元:哦?为什么?在全国各地传统纸媒相继关门、整个新闻业面临发展困境的时候,这样的创新难道不值得鼓励吗?

肖鸿波:创新当然好,但是有些"伪创新"就未必被看好。最近几年，随着网络技术的发展，许多新概念、新网站、新词汇不断涌出，令人目不暇接，新闻传播领域也是如此，自媒体、新闻推送、个性化新闻、众筹新闻、大数据新闻等屡见不鲜。有些代表新闻传播发展的方向，借助新技术的力量，具有很强的生命力，比如自媒体、大数据新闻等，有的却由于各种问题，刚面世时很是热闹，但很快就出现了发展瓶颈，逐渐式微，我们可以把这种创新叫作"伪创新"。众筹新闻便是如此。

夏德元：这个从何说起？

肖鸿波：众筹概念在现代经济领域中其实一点也不新鲜，最主要的众筹模式有两种：一种是熟人众筹；一种是陌生人众筹。市场上常见的所谓合伙公司和有限公司，都是通过众筹的方式来组织资金和注册登记的，大多数都是由利益相关的熟人组织起来的，属于熟人众筹，而在此基础上发展壮大的面向市场筹资的股份公司或者上市公司就属于陌生人众筹。无论是熟人众筹还是陌生人众筹，其目的只有一个，那就是赚钱分红。一旦不能赚钱，那么公司就马上面临危机。由此反观众筹新闻，它是指个人或机构向公众募集资金，实现特定的新闻报道计划。众筹如何进行呢？也可以通过熟人或者机构赞助筹集资金，这是熟人自筹。在传统媒介经营中，有史可考的是1920年上海的

《时事新报》和北京的《晨报》共同合资派出十三位记者前往西方五个国家进行采访。而陌生人众筹在传统媒介中鲜有所闻。这是为什么呢？因为这是由人们获取新闻资讯的目的所决定的，人们获取新闻资讯最主要的目的是用来监测环境，从而更有效地决定自己的行动。利益最大化的原则告诉我们，获取新闻资讯的成本越小，行动效果越大，就越会获得人们认同。新闻事业发展的历史已经很好地昭示这个道理，廉价报纸为什么能够取代政党报纸？那就是因为廉价报纸价格更便宜、新闻资讯更多，人们因此可以更全面有效地监测生活环境。

夏德元：据我所知，肖博士研究的主攻方向是新闻史，看来以史为鉴确能帮助我们厘清概念，获得真知。不过，我的疑问是，难道前人没有做成的事，今人就同样做不成？互联网在新闻领域的颠覆作用，又体现在哪里呢？

肖鸿波：当然不是。今天网络世界中的众筹新闻确实颠覆了过去媒体机构"集资采新闻"的模式，要公众或者社会机构出钱资助完成采访。这样的众筹，除了能让出资者获知自己感兴趣的新闻资讯之外，就是获得广告品抽奖的机会。我们不能妄言这样的新闻资讯的价值，也许有特殊人群或者有所偏好的公众对此特别感兴趣。但对于普罗大众来说，网络世界里的海量信息已经目不暇接，足以完整地监视环境和娱乐身心了,哪还有必要亲自掏钱去赞助采访者,除非是出于慈善的冲动。因此众筹新闻注定是不可能获得大众的认可,只可能是小众传播——小圈子的自娱自乐而已。

戴焱淼:我同意肖老师的观点。创新是互联网世界发展的永恒动力,但是判断某种创新是不是具有生命力,就要看其是否符合市场需求。众筹新闻网站发展到现在一直没能做成规模,其最根本的原因不是市场不理解,而是市场需求不够旺盛。可能在少数的行业或者小众的人群有部分需求,但是网站要经营要生存、要盈利,仅仅靠满足小圈子的特别癖好是不行的。市场竞争如此激烈,无论出于何种良好的动机,任何创新都必须接受市场的检验。众筹新闻高扬新闻理想的旗帜,但没有很好的盈利模式,现实就会变得非常骨感。世界上永远没有只投入而不计利益回报的赞助,新闻众筹一次两次可以,真的要成为经常性的模式,估计只有靠慈善基金了。

夏德元:这么说来,众筹新闻果真就注定要以失败告终?

肖鸿波:我认为是这样。有调查显示,众筹新闻资助者中的媒体行业人士比较多,大抵出于媒体人士实现新闻理想的相互力挺,这其中也颇有媒体人之间惺惺相惜的味道。台湾的 We-report 则是行业协会资助的比较多，主要是为了了解行业资讯。这些事实证明，众筹新闻永远不可能成为网络新闻传播的主流，充其量也只是网络新闻传播的补充。2013 年 11 月 29 日，一度被看好的"新闻众筹网站"——Spot.us，也停止了新项目的发起，这一切都说明众筹新闻是新闻传播领域中的伪创新，因为它忽略大众需求，忽略利益驱动，不可能为市场所接受，现实世界如此，网络世界亦如此。

戴焱淼：不仅如此，赚钱的冲动很有可能使众筹新闻走向其创新初衷的反面，那就是有偿新闻和"公关软文"泛滥，众筹新闻的筹资人大多数都是饶有经验的自由撰稿人或者是资深媒体人士，他们如果在利益面前，忘却了新闻职业道德的与法规的约束，很有可能接受利益方的要求，假新闻之名行商业撰写之实。倘若如此，众筹新闻是不可能有未来的。

夏德元：我注意到，在这轮媒体融合的热潮中，与众筹新闻概念有关的另一个概念——"个性化新闻"也日渐引起业内人士的关注，不知两位如何看待"个性化新闻"？

戴焱淼：个性化新闻的提法在互联网中已经很长时间了，曾经在业界和学界掀起过很长时间的讨论热潮。在我的日常网络生活中，除了接受几个移动终端的新闻推送外，也没有订阅所谓的个人日报。据我观察，移动终端上的内容与大的门户网站的头条基本上差不多，似乎并没有存在的必要。许多人认为个性化新闻是自媒体时代新闻发展的必然，但是不要忘了新闻是信息，信息就具有公共性的特质。

肖鸿波："只有个性化的新闻才会对用户有价值。"这是个性化新闻推广中耳熟能详的广告语。在这个广告语中，互联网的经营者成功地偷换了一个概念，即把新闻完全等同于信息。没错，新闻是最近变动的事物所传递的信息，但是并不是所有的信息都是新闻，对互联网用户来说，真正需要个性化的是信息，比如我在百度和GOOGLE里搜索的一些关键词，都是我需要的信息而非新闻，比如我的日程安排与天气预报需求在很多时候都是极其独特的，或者说是非常个人化的需求。而新闻不同，新闻有公共性的一面，人们对新闻的第一需求是监测环境，以此来决定我们应对环境的行动，所以许多时政经济类新闻、热点焦点事件都能引起人们的共同关注，这些都是公共性的需求。

夏德元：没有想到，两位在众筹新闻的前途这个问题上的观点如此接近。我的问题是，既然如两位所言，众筹新闻明摆着没有明天,那为什么还有《南方都市报》这样的知名媒体乐此不疲呢?

肖鸿波:当然,也有学者指出,在当今这个自媒体时代,众筹新闻有利于公民新闻的发展,提高公众的社会参与度,为全体公民参与新闻报道创造机会。这其实完全是一种未经慎思的草率结论。新闻传播规律告诉我们,社会公众的自媒体传播虽有个性化的一面,但是都会关注热点和焦点新闻。因此很小众的众筹新闻很难达到议程设置的效果,往往很难为社会公众所注意,即便在微信朋友圈或者公众号不断转发,也很难引起社会公众的注意。在自媒体时代,"扒粪"新闻或者涉及公共利益的某些内幕新闻可能惹人眼球,但由此带来的政策风险是众筹新闻网站和众筹新闻作者难以承受的。综观国内较成功的新闻众筹项目,项目的成功跟发起人的知名度有很大关系,整个国内众筹新闻市场,基本上是靠几个活跃在媒体或互联网上的意见领袖主导,这与发起人的所谓公众新闻的理念显然是背道而驰的。

戴焱淼:2008年众筹新闻面世之时,网络上充满了各种对众筹新闻的欢呼,赞誉之词不绝于耳,有人甚至夸张地认为众筹新闻会血洗传统新闻报道。这些欢呼者中不乏别有用心的网站经营者,也有标新立异的新媒体观察家,同时也有大量的随声附和者。这种现象在互联网世界中屡见不鲜，只要出现一种新概念或者是新事物，往往是不论青红皂白，也从不质疑求证，专家学者一起上，热捧一番再说，其真正目的是引来投资。在这种背景下，借用肖老师的说法，中国互联网中的"伪创新"不得不引起我们的重视。中国经济增长速度放缓以来，一些网络公司要么倒闭，要么苟延残喘，其中不少公司就如同众筹新闻网站一样，不能不说都是"伪创新"惹的祸。

夏德元：按照两位的观点，坚持沿着"众筹新闻"和"个性化新闻"的方向走下去，会有什么样的结果呢？

肖鸿波：所谓"个性化新闻"有其两面性。即便个性化新闻会对用户产生某些价值，但是也把用户带入"信息茧房"。在美国社会学家桑斯坦看来，随着人类进入海量信息的大数据时代，人类依靠技术能够随意选择关注的话题，完全有能力根据自己的喜好定制一份属于自己的"个人日报"。然而当个人长期禁锢在自己的"个人日报"里，个人的喜好和关注领域逐步定式化、程序化，渐渐会失去了解不同事物的能力和机会，从而为自己建造一个信息茧房。桑斯坦的这种担忧已经在微信朋友圈里体现出来——每个人的朋友圈就像是一份可定制的新闻客户端，你可以通过屏蔽一些人来选择另一部分人的状态更新，于是你就沉浸在自己构建的"小世界"里，幸或不幸，每个人都会有自己的答案。

夏德元：两位的议论让我想起一句古话："良药苦口利于病，忠言逆耳利于行。"但愿新闻传播领域的创新更加靠谱，在增加收入、缓解经营危机的同时，也给广大民众带来更多的福利。

（本文原载《传媒评论》2015年第11期，收入本书时略有补正。）

我们时代的强迫症人格

(代跋语)

我们的时代是一个突飞猛进的时代,是一个天天都在发生奇迹的时代,是一个变化速度超出人们承受力和想象力的时代;因此,我们这个时代人们整体的精神面貌就是浮躁、焦虑、自我要求过高。一句话,强迫症从某种意义上说,正成为我们这个时代人格的某种特征。

在遇到危险情境时,人们一般会有一种足以解除危险的(与危险程度相当的)应激反应。人们天生具备这种对危险做出瞬时判断的能力,因而在大多数情况下,人们都能应付自如,有惊无险,或者化险为夷。但是,当危险超出了人们想象的程度,使人们按照过去的预想所做的应激动作失效时,这种能力就受到了挑战,人们多次经历了这样的情形后,在信念上也就不免产生动摇。于是,人们面对危险时,往往会做出矫枉过正的过度反应,甚至在没有危险时也有一种危机感,并对某种假想的危险做出反应。其实,这就是强迫症人格的真正来历。

骆驼是一种忧患意识很强的动物,据说新疆的骆驼常花一整晚慢慢咽下几十斤苦涩的干草,却不为贪图美味而去吃鲜润的青草,因为它害怕主人第二天就会让它穿越沙漠,而胃中的干草要比青草耐饥。无独有偶,在撒哈拉大沙漠中,生活着一种土灰色的沙鼠。每当旱季到来之时,这种沙鼠都要囤积大量的草根,以准备度过这段艰难的日子。但有一个现象很奇怪,当沙地上的草根足以使它们度过旱季时,沙鼠仍然要拼命地工作,将草根咬断运进自己的洞穴,似乎只有这样,它们才能安心,感到踏实,否则便焦躁不安。

研究证明,沙鼠的这种行为,是出于一种本能的担心,是由一代又一代沙鼠的遗传基因所决定的。其实,沙鼠所干的事情常常是相当多余,又毫无意义的。曾有不少医学界的人士想用沙鼠来代替小白鼠做医学实验。因为沙鼠的个头很大,更能准确地反映出药物的特性。但沙鼠一到笼子里,就表现出一种不适的反应。尽管它们在这里根本不缺草根和任何吃食,但它们还是习惯性地不能踏实。

最后沙鼠一只只很快死去了。它们是因为极度的焦虑而死亡，是来自一种自我心理的威胁，而这种威胁并非真实的生活状况。这与现代人的焦虑担心有着惊人的相似。

沙鼠的焦虑可以让它丧命，骆驼的忧患意识也让它成为永远的苦行僧。

人们面对飞速发展的时代，也必然患得患失，要强而自卑，追求完美而又力不从心，永远做着患病、迟到、落第、不及格、被追赶之类的噩梦。这是一种对我们当下处境和前途的深层担忧和恐惧，一种欲抓住自己的头发使自己飞离地面而不能的无奈和疑惑，一种让我们远离幸福感、堕入悲惨和不幸的根源。

无疑，SARS流行期间人们草木皆兵般的过激反应多少带有防患于未然的意思，其根源则应追溯到SARS爆发前人们对新型传染病的麻痹大意和对果子狸一类动物的蔑视；同理，"9·11"后美国对恐怖主义惊弓之鸟般的过激反应自然也是对恐怖事件发生前美国思维和美国做派的大反拨。

难以想象在一个人与自然和谐相处的原始部落里，人们会有诸如此类的神经症。由此可见，或许强迫症的真正根源正在于人类在自然面前的自大狂。

在西方世界，心理学家早在20世纪初就对神经症人格个人内心冲突的社会文化根源进行了深入分析。弗洛伊德最忠实的得意门生卡尔·亚伯拉罕的学生卡伦·霍妮出版于20世纪50年代的著作《我们时代的神经症人格》堪称那个时代的经典。

霍妮在这部西方新精神分析学派的代表著作中指出："现代文化经济上建立在个人竞争的原则上。孤立的个人不得不与同一群体中的其他个人竞争，不得不超过他们和不断地把他们排挤开。一个人的利益往往就是另一个人的损失，这一情形的心理后果是人与人之间潜在敌意的增强。每一个人都是另一个人现实的或潜在的竞争对手，这种情形在同一职业群体的成员中特别明显，尽管他们也努力追求公平合理，并竭力用彬彬有礼的君子风度将这一点掩饰起来。必须强调的是，这种竞争，以及伴随这种竞争的潜在敌意，已经渗透到所有的人类关系之中。竞争在各种社会关系中已是一个占压倒优势的因素。它渗透到男人与男人的关系中、女人与女人的关系中；不管竞争的焦点是风度、才能、能力还是别的社会价值，它都极大地破坏了任何可能建立的可靠友谊。同样，正如已经表明的那样，它也妨碍了男人与女人之间的关系，这一点不仅反映在伴侣的选择上，而且也反映在同伴侣争夺优越地位的整个斗争中。它渗透到学校生活中，而且，或许更重要的是，它渗透到家庭生活中,所以儿童毫无例外地从一开始就接受了这一病毒。"①

竞争和随竞争而来的敌意、恐惧、孤独感、软弱感、荒谬感、异化感、不安全感,使人随时随地处在紧张的焦虑中。霍妮指出:"撇开表面现象而深入到有效地产生神经症的动力系统中,我们就会发现,存在着一种一切神经症共同具有的基本因素,这就是焦虑,以及为对抗焦虑而建立起来的防御机制。"②所谓焦虑,乃是指个人面对一个充满敌意的世界而产生的渺小感、孤独感、软弱感、恐惧感和不安全感。为了对抗这种焦虑,人不得不拼命追求爱,追求事业的成功,追求权力、名声和财富,以获得安全感和自信心;但由于这些追求本身建立在恐惧的基础上,而同一种恐惧又妨碍了他去爱,去获得事业上的成功,所以神经症患者总是处在无休无止的内心冲突中而无法获得爱,无法获得事业上的成功。这就进一步加深了他的恐惧和焦虑,由此而造成了更严重的恶性循环。这些正是强迫症人格的典型特征。

霍妮的著作早在 20 世纪 80 年代就由贵州人民出版社

---

① 〔美〕卡伦·霍妮著,冯川译:《我们时代的神经症人格》,贵州人民出版社 2004 年版,第 195 页。
② 同上书,第 8 页。

推出了中文版,也曾在那个时代的读书热之中引起了一些关注。但是,那种关注完全是一种隔岸观火式的关注;当时的中国,人们虽然普遍感到精神和肉体的双重饥渴,却还主要偏重于物质方面,导致今日中国普遍面临的精神困扰的那些因素尚未产生。在改革开放之初,百废待兴,人们认为到处充满机会,在饥渴之中似乎总能看到希望,借用当时最流行的一句台词来说,就是"面包会有的,牛奶会有的,一切都会有的"!

现在则大为不同。经济的持续高速发展,似乎并没有同时带来幸福感,相反,却带来了莫大的忧虑。霍妮通过对神经症人格的研究指出:"尽管并没有对于人格结构的精湛知识,人们却仍然可以从一切神经症病人身上鉴别出两种特征,这就是在反应方式上的某种固执,以及潜能和实现之间的脱节。"[3]这样的结论,在当今中国也得到了绝佳的印证。一方面,人们靠技术进步获得了对于自然和社会事件更加强大的控制力,同时也越来越把幸福强迫性地寄托在技术进步之上;另一方面,人们则深感对自然和社会事件的控制效率日益低下,技术进步对国民幸福的贡献效

---

[3] 〔美〕卡伦·霍妮著,冯川译:《我们时代的神经症人格》,贵州人民出版社2004年版,第7页。

用迅速衰减。这种可能与现实之间的脱节，对资源的需求与资源匮乏之间的矛盾，又反过来促使人们更加依赖于技术的进步和飞跃……殊不知，这样正陷入一种不能自拔的恶性循环。

在某些场合，资源并不匮乏，是对资源的病态需求人为地造成了恐慌，就像笼子里的沙鼠一般，最后被某种想象的困境或内在的恐惧所害。

比如，当今中国几乎所有的贪官，可以说都患了一种敛财强迫症——他们中许多人并不确切知道自己为什么需要那么多钱——因为他们需要自己花钱的地方实在少得可怜。《北京科技报》2004年12月30日报道称，心理学家认为，这些"守财奴"们对金钱有着极强的神经质的需要。他们对于金钱的贪欲，完全是一种病态的心理需要。他们有的对自己这种爱财如命的行为没有意识，有的有意识，但控制不了自己。贪官们的这种守财奴心态又可称为金钱数字心态：人们在积聚钱财时往往被一种呈几何级数递增的心态所左右，当攒到一万元时，下一个目标是两万，攒到两万时目标变成了五万……当积聚到一百万元时，下一个目标就绝不仅仅是一百五十万，而是上千万、几千万。对贪官们来说，捞钱越多就越不能罢手，就像吸毒上瘾的人对毒品一样，欲罢不能，越陷越深，敛财成为他们生活中唯一的追求，而且永远不会满足。

被称作新中国成立以来最大卖官案的主角马德，在任绥化市委书记期间，收受贿赂高达两千三百八十五万元；有人估算，马德在绥化期间平均每天的收入在万元以上，是名副其实的"日进万金"。据说，马德是个穿着随便甚至比较土的人，其妻田雅芝连买菜回来的塑料袋都舍不得扔，一个个捋好存起来。然而，马德被"双规"后，在马德的家中及办公室，办案人员搜出裘皮大衣十多件，摄像机、照相机五十多架，皮鞋五百多双，衬衣二百多件，以及各种名贵手表等物品。知情人说，马德收的东西几乎全部原封不动地放着，自己不用也舍不得送家里的穷亲戚。田雅芝甚至将逢年过节别人送的礼品高价出售给市委的接待部门。有"沂蒙第一贪"之称的袁锋剑贪污公款五百多万，但他却一直舍不得动用。袁为其母祝寿，送的寿礼比其他真正很"穷"的亲属还少。查抄袁锋剑的赃款时，他贪污的金钱数目和查抄的赃款数目完全吻合，毫厘不爽，以至于袁锋剑诡辩说他这是替国家保存钱财。这些贪官工资都很高，绝对不缺钱，甚至花钱的机会都很少，但他们还是不顾一切地聚敛钱财，连很少的钱也不放过。

再比如，在足球场的看台上，一开始大家都是坐着看球。但是，有一个人为了看得更清楚，就站了起来。当只有他一人站着,其他人都坐着的时候,他确实能比其他人看得更清楚;但由于他站着看挡住了别人的视线,其他人也只能站起来才看得清楚……最后全体观众都只得站起来看球了。从看清楚的程度上说,全站着看与全坐着看没有任何改善,但是大家现在只能辛苦地站着看而不能安逸地坐着看了。

又比如,在城市的某些地区,政府开辟了一些路段用于小商品交易。本来,大家都在划定的黄线之内,即并排着在不影响交通的情况下交易;但是,有一个小摊贩为了比别人更接近顾客而把摊位挪到了人行道。接下来的情况跟球场看台上的情形一样:结果是大家都不得不站在人行道上吆喝,继而冲到机动车道上揽客……每个人都更辛苦,处境也更危险,而生意不仅没有更好,还可能因为妨碍交通而被市容监察人员罚得个血本无归。

上面所列举的强迫症状,如今正在教育领域蔓延:本来,小学生的课业完全应该在学校解决,但是,就有那么一些"聪明"的家长为了抢占先机而为自己的孩子请来了家庭教师……接着,有更多的家长被迫跟进,而原来那个以为请一位家庭教师就能领先的家长又不得不请第二位、第三位、第四位、第五位家庭教师,水涨船高,你追我赶,于是就出现了今天这种全民请家教的荒唐局面,以至于孩子们不堪重负,有些小学生便想"退休",个别小学生甚至因达不到家长拔苗助长式的要求而不得不以死来了结年幼的生命。

在这里,对资源匮乏杞人忧天式的群体性盲目恐慌,最早实则源于个别人对资源多吃多占的贪婪——第一个打破规矩的人可能占了便宜,犯规的动机是想占额外的好处,其结果是付出了比不犯规数倍的代价,却只能得到不犯规时应得的回报,还要承担巨大的风险。更严重的是竟造成了全社会的集体焦虑症也就是集体强迫症。

攀比、猜忌进而相互埋怨,作为集体强迫症的典型症状,会使一个集体的战斗力严重下降,产生所谓潜在内耗,最终使集体机能衰退,功能丧失,一败涂地。

据《瞭望东方周刊》报道,芝加哥大学商学院教授、中欧国际工商学院行为科学研究中心主任奚恺元正在研究一门名为 Hedonomics 的学科,这个词的意思是追求生命之快乐的学说,中文可以翻译为"幸福学"。④

奚恺元说,每个人追求的东西看上去不同,有的人追求名誉,有的人追求金钱……但归根到底,我们所有行为

---

④ 胡润峰:《奚恺元和他的幸福学》,《瞭望东方周刊》2004年5月24日。

的终极目的都是追求幸福。他强调,这里所指的幸福不仅是短期的安逸,而是一种长期的、广义的、好的主观感受(subjective well-being)。我们需要有一个严格的理论来研究如何使幸福最大化。

上文中所举球场看球的例子,就来自奚恺元所引用的经济学家雷亚德的一个比喻。他还举了另一个例子说明物质竞争与幸福感受的关系:

两个人在一条风景优美的路上散步。他们的幸福度取决于两个方面:一是欣赏风景所带来的愉悦;二是相对位置所带来的快乐,即在位置上的领先者更幸福,而落后者则不快乐。一开始,两人都走得很慢,甲走在乙前面。从欣赏风景角度,两人都得到了精神上的愉悦,很是幸福。而从相对位置来讲,甲快乐,而乙不快乐。为了赶上甲,乙加快了步伐。相应地,甲也加大了脚步。就这样,两人越走越快,从最初的散步,到大步流星,再到后来的奔跑……从位置排列角度上来看,两人总体的幸福是没有任何改变的,因最终总还是一人在前一人在后。但从欣赏风景角度获得的幸福却降低了,因为两人将他们的精力都放在了奔跑上。

台湾学者张盛舒号称自己发现了"幸福定律":幸福与抱怨成正比。越幸福的人越会抱怨,越认为自己不幸福。

人生就好像一个圆,没有人能百分之百圆满。但是对于幸福度达到百分之九十九的人,那百分之一的不完美就像一根尖刺,刺得人浑身难过,痛彻心扉。让人以为,人生就只是为了解决这百分之一的不幸而活,对百分之九十九的幸福视而不见。

相反,只拥有百分之一幸福的人,他不知道圆满是什么,所以其他百分之九十九是什么样子他根本无法想象,他只能看到他所掌握的这一点幸福,百分之一就是他的全部,他会尽一切努力以保有它。他不但不抱怨,而且衷心感谢上苍,让他拥有这么多幸福。但是,等到他的幸福越来越多,多到超过百分之五十时,他的眼光开始停留在那不足的部分了。他不再为了增加幸福而努力,而是为了减少不幸而拼命。于是,越幸福,越痛苦,抱怨越多。

这就是幸福的第二个定律,张盛舒称之为赢家定律:身为赢家,注定要比输家更为痛苦,因为赢家的诅咒如影随形。

何谓赢家的诅咒?赢家的诅咒就是:你用什么优势赢得人生,就会用同样的原因输掉人生。

这就是宿命的由来。

固定思维的生活方式已经变成一种习惯,这个习惯曾经帮助你成功,但它在幸福超过百分之五十的临界点时已悄悄改变,开始无情地摧毁一切,直到你哪一天顿然醒悟,蓦然回首,但已景物全非。

(本文原载《书屋》杂志2006年第1期。)